# SPANISH
# UNIT THREE

## CONTENTS

I. **THE HOME AND THE WORKPLACE (FURNITURE)** ............................................. 2

    Listening Exercises I .............................................. 20

II. **THE PRETERIT AND IMPERFECT TENSES** ............. 26

    Listening Exercises II ............................................. 58

III. **CULTURE, GEOGRAPHY, AND GRAMMAR** ............ 59

    Listening Exercises III ............................................ 73

IV. **REVIEW OF UNITS ONE AND TWO** ....................... 83

    **VOCABULARY LIST** ............................................. 91

| | |
|---|---|
| **Author:** | **Katherine Engle, M.A.** |
| Managing Editor: | Alan Christopherson, M.S. |
| Revision Editor: | Christine E. Wilson, B.A., M.A. |
| Illustrations: | Karen Eubanks |
| Graphic Design: | Annette Walker |

804 N. 2nd Ave. E., Rock Rapids, IA 51246-1759
© MMI by Alpha Omega Publications, Inc. All rights reserved.
LIFEPAC is a registered trademark of Alpha Omega Publications, Inc.

All trademarks and/or service marks referenced in this material are the property of their respective owners. Alpha Omega Publications, Inc. makes no claim of ownership to any trademarks and/or service marks other than their own and their affiliates', and makes no claim of affiliation to any companies whose trademarks may be listed in this material, other than their own.

# SPANISH II: UNIT THREE
## INTRODUCTION

The vocabulary of Unit Three concerns the home and the workplace. The study begins with the furniture of several rooms of the home and the various items that are found there. Other groups of vocabulary focus on the bathroom, the classroom, and the outside of a home.

The preterit and imperfect verb tenses will be covered as well. You will have ample opportunity to practice these forms until proficiency is achieved. They will be presented in groups that have similarities to help with memorization. Continue to keep a running list of vocabulary words, and for this Unit, also keep a quick reference chart of rules for the preterit and imperfect verb tenses.

Your writing and speaking skills will continue to improve in Unit Three as you write several short compositions and perform two skits.

The grammar study will involve Spanish translations of the prepositions *for*, *but*, and *because*. Each of these has at least two translations and there are specific rules that determine in what kinds of situations they may be used.

The culture section will cover Mayan scientific discoveries as well as reading about the legend of the "Sleeping Lady" volcano. The geography study will focus on the country of Mexico.

### OBJECTIVES

**Read these objectives.** These objectives tell you what you should be able to do when you have completed this Unit.

1. Use vocabulary of the home, school, and the workplace.
2. Know the forms of the two most commonly used past tenses: the preterit and the imperfect.
3. Identify the regular infinitives that have spelling changes in the preterit tense.
4. Use the irregular forms of the verbs in the preterit tense.
5. Use the irregular forms of the verbs in the imperfect tense.
6. Use the imperfect tense to express ongoing, unfinished, or habitual actions.
7. Use the preterit tense to express isolated, simple, or completed actions.
8. Complete a summary chart of the rules for using the imperfect and preterit tenses.
9. Apply the rules of usage for some prepositions and conjunctions.
10. Improve spoken Spanish by presenting two skits.
11. Know aspects of Mayan scientific discoveries.
12. Read about a famous Mexican legend.
13. Label topographical features on a map of Mexico.

# I. THE HOME AND THE WORKPLACE (FURNITURE)

 Read the description of this living room out loud and label the items in the picture with the number of the corresponding vocabulary. You may label the pictures with the actual words, if you desire. Perform the same activities for each room.

1.1   Aquí está (1) la sala de mi casa. Hay (2) un sofá y (3) dos sillones.  Cuando escuchamos la música, apagamos (4) el estéreo. Por la noche mi papá lee el periódico sentado (seated) cerca de (5) la lámpara. A mi madre le gusta poner rosas bonitas en (6) la mesa. Cuando hace frío, ponemos un fuego en (7) la chimenea para calentarnos.

1.2   Aquí está (1) mi dormitorio. Duermo en (2) la cama. Hago la tarea en (3) el escritorio. Cuelgo mis camisas en (4) el armario y pongo los blujins en (5) la cómoda. Me gusta leer en la cama, y por eso necesito (6) una lámpara en (7) la mesa de noche al lado de la cama. Puedo maquillarme en mi dormitorio enfrente de (8) mi espejo. En el suelo (floor) hay (9) una alfombra azul. A veces me gusta mirar una película; tengo (10) un televisor en mi dormitorio también.

1.3  Aquí está (1) la cocina. Generalmente mi madre trabaja mucho aquí. Ella cocina pasteles deliciosos en (2) el horno. Pero a veces mi padre prepara la cena. A él le gusta hacer pollo frito en (3) la sartén sobre (4) la estufa. Papá hace también una buena sopa en (5) una olla grande. Pero a veces yo tengo que preparar mi propia (my own) comida. Uso (6) el horno de microondas. Es más rápido. Hay (7) un tostador para preparar el desayuno, si quiero, o saco cereal (8) del gabinete. La mantequilla y la leche están en (9) el refrigerador. Lavar la cocina es muy fácil con (10) el lavaplatos. A veces tenemos que lavar los platos en (11) el fregadero. Está bien, porque podemos mirar por (12) la ventana que está sobre el fregadero.

1.4  Comemos todas las comidas aquí en (1) el comedor. Hay (2) seis sillas para los seis miembros de mi familia. Yo tengo que poner (3) la mesa todos los días para la cena: (4) un mantel de algodón para cubrir la mesa; (5) seis platos, (6) seis tenedores a la izquierda de los platos, (7) seis cucharas (cuando comemos la sopa) y (8) seis cuchillos para cortar la carne. Bebemos agua de (9) los vasos de cristal. A mis padres les gusta tomar café en (10) las tazas. Mamá enciende (11) las dos velas. Y (12) el retrato de mi familia en la pared (the wall) es muy bonito, ¿no?

**Match a vocabulary word to the action with which it is most logically associated.**

1.5   a.   dormir _____ or _____

b.   mirar _____

c.   hacer la tarea _____

d.   encender _____ or _____ or _____

e.   cortar _____

f.   cocinar _____ or _____ or _____

g.   enfriarse (to make cold) _____

h.   colgar _____

i.   mirarse _____

j.   quemar _____

   **Color and label the drawing.**

1.6

✓   Adult check _____
                    Initial                    Date

**Fill in the blanks with a vocabulary word in order to complete the translations.**

1.7  a.  Don't put the flowers near the window.

   No pongas _____ cerca de _____ .

b.  We have a new stove in the kitchen.

   Tenemos _____ nueva en _____ .

c.  Take the frying pan from the cabinet.

   Saca _____ del _____ .

d.  The lamp is next to the easy chair in the living room.

   _____ está al lado del _____ en _____ .

e.  She vacuums the rug in the dining room.

   Ella pasa la aspiradora por _____ en _____ .

f.  There is a white tablecloth and four red candles on the table.

   Hay _____ blanco y cuatro _____ rojas en _____ .

g.  Where are the spoons?

   ¿Dónde están _____ ?

h.  The refrigerator is near the sink.

   _____ está cerca del _____ .

i.  My favorite easy chair is in front of the fireplace.

   Mi _____ favorito está enfrente de la _____ .

j.  We are missing two plates and one (coffee) cup.

   Nos faltan dos _____ y _____ .


**Choose one of the four rooms we have studied. On a separate sheet of paper, draw a plan of that room for your house. Label all possible items of furniture. Present your drawing to the class, describing where everything is located that you have labeled.**

1.8  Here are some sample sentences for your presentation:

La cama está aquí.

La chimenea está a la izquierda del sofá.

✔ Adult check _____
                    Initial            Date

**Complete the crossword puzzle below (articles are included).**

1.9

ACROSS

3. the armchair
4. the fork
11. the lamp
12. the microwave oven
14. the mirror
16. the spoon
18. the tablecloth
19. the kitchen
20. the couch
21. the fireplace

DOWN

1. the knife
2. the stove
5. the rug
6. the cabinet
7. the desk
8. the dishwasher
9. the dining room
10. the bedroom
13. the (kitchen) sink
15. the living room
17. the table

**In which room do these items most logically belong? Choose from** *la sala, la cocina, el dormitorio* **or** *el comedor.*

1.10
a. la mesa de noche  _____
b. el sofá  _____
c. la estufa  _____
d. el mantel  _____
e. la sartén  _____
f. la cómoda  _____
g. el fregadero  _____
h. la chimenea  _____
i. el televisor  _____
j. el sillón  _____

**Read the description and label the three drawings in this activity with the number of the corresponding vocabulary item. You may use the actual words if desired.**

1.11 Aquí está (1) el baño. Me baño en (2) la bañera todas las noches. A veces uso la ducha cuando tengo prisa. (3) La cortina de ducha protege (4) el suelo del agua. (5) El inodoro está a la derecha (6) del lavabo y (7) el espejo está sobre (above) el lavabo. (8) Las toallas son rosadas. Me seco con ellas. Uso (9) la báscula cuando quiero pesarme.

1.12   Esto es (1) el aula. Los estudiantes se sientan y hacen las tareas en (2) los pupitres. A la izquierda (3) del mapa hay (4) la pizarra. La profesora escribe con (5) la tiza y usa (6) el borrador para limpiarla. Entre la pizarra y el mapa hay (7) la bandera de los Estados Unidos. A la izquierda de la pizarra están (8) dos carteles: uno de México y uno de España. Siempre pongo (9) mi mochila sobre (on) el pupitre. Llevo (I carry) (10) un bolígrafo, (11) un lápiz y (12) los crayones adentro. La profesora corrige (corrects) los exámenes en (13) su escritorio. Mira: ella tiene (14) la cinta adhesiva, (15) un sacapuntas (para los lápices) y (16) una engrapadora. A la derecha del escritorio la profesora ha puesto (has put) (17) una papelera. Vas a encontrar (18) los libros en (19) el estante.

1.13   Por fin llegamos (1) al garaje y (2) al jardín. A mi madre le gustan (3) las plantas. Ella pone muchas (4) flores en el jardín. Ella usa (5) la manguera para regarlas (to water them). (6) El cortacésped está en el garaje. Mi papá está reparando el coche hoy, y por eso se ven (7) muchas herramientas al lado del cortacésped.

Match the room to the item contained in it (according to the passages you read). You will use some answers more than once.

|   | a. el baño | b. el jardín | c. el aula | d. el garaje |
|---|---|---|---|---|

1.14
1. _____ el inodoro
2. _____ la cortina de ducha
3. _____ la mochila
4. _____ el sacapuntas
5. _____ la flor
6. _____ el jabón
7. _____ la toalla
8. _____ el cortacésped
9. _____ el estante
10. _____ el pupitre

Agree or disagree with the questions asked, according to the pictures provided. If you disagree, make sure to correctly identify the picture. Answer in complete sentences.

1.15

a. ¿Es un bolígrafo?
_____
_____

b. ¿Es una toalla?
_____
_____

c. ¿Es un pupitre?
_____
_____

d. ¿Es un baño?
_____
_____

e. ¿Está en el jardín?
_____
_____

f. ¿Es una cortina?
_____
_____

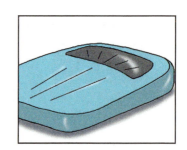

g. ¿Está en el aula?

i. ¿Está en el baño?

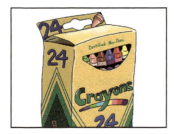

h. ¿Son los crayones?

j. ¿Es una papelera?

 Identify each picture in Spanish. Use complete sentences.

1.16

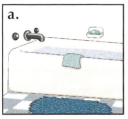
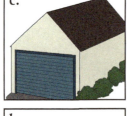
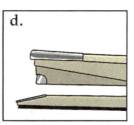
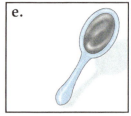
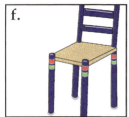
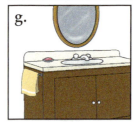
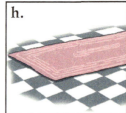

a. _____

b. _____

c. _____

d. _____

e. _____

f. _____

g. _____

h. _____

i. _____

j. _____

**Fill in the blanks to complete the translations.**

1.17  a.  Where is my soap?

¿Dónde está mi _____?

b.  I dry off with a towel.

Me seco con _____ .

c.  She puts her books and her map in her backpack.

Pone sus _____ y su _____ en su _____ .

d.  Hang the hose in the garage.

Cuelga _____ en _____ .

e.  There is a flag in the classroom.

Hay _____ en _____ .

f.  I sit at the (student's) desk.

Yo me siento en _____ .

g.  We put the flowers on the (teacher's) desk next to the tape.

Ponemos _____ en _____

al lado de _____ .

h.  The soap is in the bathtub.

_____ está en _____ .

i.  The teacher needs chalk and an eraser.

El maestro necesita _____ y _____ .

j.  Why are my tools in the bathroom?

¿Por qué están mis _____ en _____ ?

**Complete the sentences logically with a word from the vocabulary listed at the end of this unit.**

1.18  a.  Me baño en _____ .

b.  Me seco con _____ .

c.  Estudio en _____ .

d.  Planto las flores en _____ .

e.  El profesor escribe con la tiza en _____ .

f.  Me lavo las manos en _____ .

g.  ¿Dónde está _____ ? Necesito cortar el césped.

h.  El mecánico necesita _____ para trabajar.

i.  Me miro en _____ .

j.  Mi _____ favorita es la rosa.

Choose an element from three or four columns to create ten (10) logical Spanish sentences. Be sure to conjugate the verbs.

1.19

| A | B | C | D |
|---|---|---|---|
| Carolina | bañarse | con | la báscula |
| mis hermanos | mirar | en | la cocina |
| Tú y yo | trabajar | a | el baño |
| yo | ducharse | las manos | la esponja |
| Uds. | descansar | la cena | el aula |
| el Sr. Jiménez | escribir | | el bolígrafo |
| tú | mirarse | | el espejo |
| Pablo y Elena | lavarse | | el escritorio |
| Jorge | preparar | | la cama |

a. _____

b. _____

c. _____

d. _____

e. _____

f. _____

g. _____

h. _____

i. _____

j. _____

✔ Adult check _____
                Initial        Date

Choose the term that most logically completes the meaning of the sentence.

1.20

1. Prefiero descansar en la sala, sobre _____ .
   a. la cama
   b. el mantel
   c. el sofá

2. Necesitas escribir la respuesta en _____ .
   a. la pizarra
   b. el gabinete
   c. la silla

3. Busco _____ ; tengo que lavarme la cara.
   a. el jabón
   b. la toalla
   c. la cómoda

4. ¡Las rosas están muriendo! Dáme _____ .
   a. el cortacésped
   b. la manguera
   c. la báscula

5. La familia cena en _____ .
   a. el baño
   b. el dormitorio
   c. el comedor

6. Rafael, quita la mesa. Ponemos los platos en _____ .
   a. el dormitorio
   b. el lavaplatos
   c. la cómoda

7. Hay _____ de George Washington en el aula de la Sra. Smith.
   a. un retrato
   b. una olla
   c. un mantel

8. El dormitorio de Isabel está muy desordenado (messy). Se le olvidó de colgar la ropa en _____ .
   a. la bañera
   b. el cuchillo
   c. el armario

9. ¡Cuidado! _____ es muy grande y muy afilado (sharp).
   a. La esponja
   b. El cuchillo
   c. El comedor

10. No puedo comer la sopa con _____ . Necesito una cuchara.
    a. el baño
    b. un tenedor
    c. una flor

 **Describe what each person is doing, as depicted in the drawings.**

1.21

a. Mamá _____ .

b. El carpintero _____ .

c. Los abuelos _____

_____ .

d. Yo _____

_____ .

e. Mis hermanas _____

_____ .

f. Anita _____

_____ .

g. Rosario _____

_____ .

h. Nosotros _____

_____ .

i. Uds. _____ .   j. Mi tía _____ .

## Speaking

 Benjamín cannot find his keys (*las llaves*). He is discussing the situation with his mother. Translate into Spanish in the space provided on the next page, and then act out the conversation.

1.22

- I can't find my keys. I looked for them through the entire house (*toda la casa*).
- Did you look in the bedroom?
- I looked under my bed and in my dresser.
- Where is your coat? Did you look there?
- My coat is in the closet in the living room. I looked there too.
- Did you look in the kitchen? In all the cabinets?
- Yes. They aren't there. I looked in the refrigerator too.
- Did you look for them in the living room? Are the keys are on the table?
- I looked on the fireplace and the stereo. I thought they fell behind (*detrás de*) the couch.
- Hmmmm, let's go to the garage.
- Oh yeah! I left (*dejar*) the keys in the car! Now I remember!

a. _____   _____

b. _____   _____

c. _____   _____

d. _____   _____

e. _____   _____

f. _____   _____

 Adult check _____
                                Initial            Date

> **Look at the drawings. Decide if the statements following each drawing are true or false, using *v* for *verdadero* and *f* for *falso*. Correct any false statements.**

1.23  a. _____ El cuarto es el dormitorio. _____

b. _____ Hay cuatro platos. _____

c. _____ Hay cinco velas. _____

d. _____ Hay cuarto tenedores. _____

e. _____ No hay suficientes (enough) cucharas. _____

f. _____ Tres personas van a comer aquí. _____

g. _____ Hay sillas para dos personas. _____

h. _____ Un mantel cubre la mesa. _____

i. _____ Hay un retrato en la pared. _____

j. _____ Hay cuatro vasos. _____

1.24 a. _____ No hay un sofá. _____

b. _____ Se puede ver un estante de libros. _____

c. _____ Hay tres lámparas. _____

d. _____ El teléfono está sobre una mesa pequeña. _____

e. _____ Hay solamente una mesa. _____

f. _____ No hay ningún lugar para sentarse. _____

g. _____ No se puede ver ningún programa aquí. _____

h. _____ Este cuarto se llama el baño. _____

i. _____ Se puede hablar por teléfono con un amigo aquí. _____

j. _____ Este cuarto no tiene chimenea. _____

**Read the following passages. Create a diagram of the rooms described. Make sure you include all of the furniture mentioned, and place it properly in the room.**

1.25   a.  El baño es pequeño. No tiene bañera, solamente una ducha. El lavabo está a la derecha de la ducha. Una alfombra pequeña está al lado de la ducha. Un espejo está encima del lavabo. El inodoro está contra la pared enfrente del lavabo.

b. El aula tiene muchos objetos diferentes adentro. El escritorio de la maestra está al fondo (at the back) del aula. Hay una bandera estadounidense a la izquierda y una bandera mexicana a la derecha del escritorio. La pizarra está a la pared enfrente del escritorio. Los pupitres están frente a la pizarra. Un mapa de los Estados Unidos está encima de la pizarra.

 Share a blank piece of paper between a partner and yourself. Designate which of you will speak Spanish first. Direct your partner to draw a diagram of a room of your choice. Instruct your partner where to place at least FIVE (5) pieces of furniture in that room. Your partner will draw as you speak. Once you have completed the task, you and your partner will exchange roles and create another diagram.

1.26 Here is some helpful vocabulary:

| | |
|---|---|
| a la derecha | to the right |
| a la izquierda | to the left |
| al lado de | beside, next to |
| entre | between |
| hay | there is, there are |
| enfrente de | opposite |
| estar | to be located |

 Adult check _____
　　　　　　　　　　　　　Initial　　　　　　　　　　Date

 Review the material in this section in preparation for the Self Test. The Self Test will check your mastery of this particular section. The items missed on this Self Test will indicate specific areas where restudy is needed for mastery.

# LISTENING EXERCISES I

Exercise 1. Decide in what room each person must be. Write the name of that room, in Spanish, in the blank. [CD-B, Track 19]

a. Mamá está en_____.

b. Los chicos están en _____.

c. Tú estás en _____.

d. Los estudiantes están en _____.

e. Yo estoy en _____.

Exercise 2. Decide what kind of tool, object, or piece of furniture each person must have in the situations being described. Circle your answer. [CD-B, Track 20]

1. Mercedes usa ____ .
   a. la sartén
   b. la manguera
   c. el estante

2. Ellos buscan en ____ .
   a. el baño
   b. el fregadero
   c. el armario

3. Mi familia usa ____ .
   a. una cortina
   b. una báscula
   c. un cuchillo

4. Los pongo en ____ .
   a. el estante
   b. el hogar
   c. la papelera

5. Escribo en ____ .
   a. el escritorio
   b. la mesa de noche
   c. el estereo

6. La profesora necesita ____ .
   a. el bolígrafo
   b. el lápiz
   c. la tiza

7. Pones los comestibles (groceries) en ____ .
   a. el garaje
   b. los gabinetes
   c. la olla

8. Limpio con ____ .
   a. una toalla
   b. un mantel
   c. una esponja

9. Usa ____ .
   a. el sillón
   b. la chimenea
   c. el mapa

10. Se mira en ____ .
    a. la cómoda
    b. la alfombra
    c. el espejo

Exercise 3. Match the sentence you hear to the picture that is being described by writing the number of each sentence in the appropriate blank. [CD-B, Track 21]

a. _____  b. _____  c. _____  d. _____  e. _____

f. _____  g. _____  h. _____  i. _____  j. _____

# SELF TEST 1

1.01 **Antonio has found a box of miscellaneous items while he is unpacking in his new apartment. Help him instruct his friends as to where everything goes by filling in the blank with the room in which each item is most logically found. Be sure to include "a" + the definite article in each response.** (1 pt. each)

   a. ¿un mantel?         Llévalo _____.

   b. ¿una olla?          Llévala _____.

   c. ¿el jabón?          Llévalo _____.

   d. ¿una herramienta?   Llévala _____.

   e. ¿una cuchara?       Llévala _____.

   f. ¿una toalla?        Llévala _____.

   g. ¿un short?          Llévalo _____.

   h. ¿un teléfono?       Llévalo _____.

   i. ¿una manguera?      Llévala _____.

   j. ¿una taza?          Llévala _____.

1.02 **Match the Spanish to the English.** (1 pt. each)

   1. _____ el tenedor          a. the bathroom sink
   2. _____ la báscula          b. the (large) pot
   3. _____ la olla             c. the fork
   4. _____ el fregadero        d. the pencil sharpener
   5. _____ el lavabo           e. the tool
   6. _____ la alfombra         f. the kitchen sink
   7. _____ la mochila          g. the plant
   8. _____ la herramienta      h. the bathroom scales
   9. _____ la planta           i. the backpack
   10. _____ el sacapuntas      j. the rug

1.03 **Decide what article of furniture, tool, or appliance is needed to complete the sentence logically. Fill in the blank with your choice.** (1 pt. each)

   a. Pongo la ropa en _____.

   b. Pones el cereal en _____.

   c. Cocinas en _____.

   d. La leche está en _____.

   e. En la sala, me siento en _____.

   f. Duermo en _____.

g. Usan _____ para regar las plantas.

h. Por la noche necesitas _____ para ver y leer.

i. Mamá baña a la bebé en _____ .

j. La madre prepara los huevos fritos en _____ .

1.04 **Match the Spanish to the English.** (1 pt. each)

1. _____ la engrapadora          a. the easy chair
2. _____ la cortina              b. the stapler
3. _____ el estante              c. the portrait
4. _____ la mesa                 d. the (student's) desk
5. _____ el retrato              e. the curtain
6. _____ el sillón               f. the shelf, stand, case
7. _____ la silla                g. the table
8. _____ el pupitre              h. the tablecloth
9. _____ el borrador             i. the (hard) chair
10. _____ el mantel              j. the (board) eraser

1.05 **Translate to English.** (1 pt. each)

a. el baño          _____
b. la chimenea      _____
c. el horno         _____
d. el jardín        _____
e. la bandera       _____
f. el lápiz         _____
g. el cuchillo      _____
h. el televisor     _____
i. la cocina        _____
j. el espejo        _____

1.06 **Translate to Spanish.** (1 pt. each)

a. the stereo       _____
b. the tape         _____
c. the VCR          _____

d. the bed _____

e. the couch _____

f. the shower _____

g. the (teacher's) desk _____

h. the spoon _____

i. the cabinet _____

j. the window _____

1.07 **Translate the sentences into English.** (2 pts. each)

a. Mi chaqueta está en el armario del dormitorio.
_____

b. Usan una olla para cocinar los huevos sobre la estufa.
_____

c. Jorge necesita sus herramientas del garaje.
_____

d. Favor de poner la mesa con los tenedores, las cucharas y los cuchillos.
_____

e. El sillón está al lado de la lámpara.
_____

1.08 **Translate from English to Spanish.** (2 pts. each)

a. The tablecloth is in the cabinet.
_____

b. She has a bed and a dresser in the bedroom.
_____

c. Can you (friendly) put that book on the shelf?
_____

d. I need a nightstand in my bedroom.
_____

e. The glasses are in the sink.
_____

**A real estate agent is showing a new home to prospective buyers. In the paragraphs below, read her description of each room and answer, in complete sentences, the questions that follow.** (1 pt. each)

1.09 Vamos a la cocina. Tiene un refrigerador nuevo, una estufa y un horno en buenas condiciones. Hay muchos gabinetes. La ventana ofrece una vista agradable. El fregadero está debajo de la ventana para que puedan gozar de la vista mientras lavan los platos. Un comedor grande está junto a la cocina.

   a. ¿Qué no tiene esta cocina? _____

   b. ¿Dónde está el fregadero? _____

   c. ¿Está el comedor lejos de la cocina? _____

   d. ¿Qué es nuevo en la cocina? _____

   e. ¿Necesita una estufa nueva? _____

1.010 Estamos en el baño. Es bastante pequeño, sí, pero bien decorado y limpio. La bañera (combinada con una ducha), el inodoro y el lavabo todos son blancos. Pueden escoger cualquier color de alfombra que les guste. Hay estantes pequeños para las toallas. El espejo sobre el lavabo es bastante grande. Y la ventana a la derecha de la ducha permite que mucha luz entre en el cuarto.

   a. ¿De qué color es el baño? _____

   b. ¿Hay una alfombra ahora? _____

   c. ¿Dónde se ponen las toallas? _____

   d. ¿Cómo es el espejo? _____

   e. ¿Dónde está la ventana? _____

1.011 Vamos a ver la sala. No hay muebles ahora. Por eso pueden ver la grandeza de este cuarto. Es posible poner muchos muebles aquí. Imagínense un sillón cerca de la chimenea, algunas cortinas bonitas alrededor de la ventana grande y algunos estantes cerca de la ventana. Pueden llenar los estantes con sus libros favoritos. Pueden colgar un gran retrato encima de la chimenea.

   a. ¿En qué cuarto están? _____

   b. ¿Es grande o pequeña? _____

   c. ¿Cuáles muebles hay? _____

   d. ¿Qué ofrece la sala? _____

   e. ¿Qué sugiere añadir al este cuarto el agente? _____

Think about your two favorite rooms in your home. For each room, write in Spanish a five-sentence paragraph describing that room. Tell about what furniture is in this room and where each piece is located in the room. Also give one reason, for each room, why it is one of your favorites. (5 pts. each paragraph)

1.012 a. _____

b. _____

| 84 / 105 | | Score | _____ |
|---|---|---|---|
| | | Adult check | _____ |
| | | | Initial    Date |

# II. THE PRETERIT AND IMPERFECT TENSES

Regular preterit tense endings:

| -AR infinitives | | |
|---|---|---|
| yo -é | nosotros nosotras | -amos |
| tú -aste | vosotros vosotras | -asteis |
| él ella Ud. -ó | ellos ellas Uds. | -aron |

| -ER/-IR infinitives | | |
|---|---|---|
| yo -í | nosotros nosotras | -imos |
| tú -iste | vosotros vosotras | -isteis |
| él ella Ud. -ió | ellos ellas Uds. | -ieron |

There are many regular infinitives of the preterit tense that have spelling changes in particular forms. Infinitives ending in *-car*, *-gar*, and *-zar* change as follows in the *yo* form only.

```
c–qu
g–gu
z–c
```

These changes occur mainly to preserve the original sound of the infinitive.

---

**Answer the following questions.**

2.1  a. What are the *yo* and *tú* forms of *brincar* (to jump)?

    yo _____  tú _____

  b. What are the *yo* and *tú* forms of *llegar* (to arrive)?

    yo _____  tú _____

  c. What are the *yo* and *tú* forms of *abrazar* (to hug)?

    yo _____  tú _____

**Search your memory, your notes in the Unit, etc., for other infinitives that would fall into this pattern. List at least three for each.**

2.2  a. -car  _____  _____  _____

  b. -gar  _____  _____  _____

  c. -zar  _____  _____  _____

✔ Adult check _____

                                Initial                Date

Infinitives ending in -eer, -aer, and -uir change -i- to -y- in the él/ella/Ud. and the ellos/ellas/Uds. forms.

| | | | |
|---|---|---|---|
| *él/ella/Ud.* | **-ió** | becomes | **-yó** |
| *ellos/ellas/Uds.* | **-ieron** | becomes | **-yeron** |

Examples:  él creyó          ella cayó          Ud. huyó

ellos creyeron     ellas cayeron      Uds. huyeron

This change occurs for the sake of pronunciation.

**Answer the following questions.**

2.3  a. What are the *yo* and *ella* forms of *creer*?    yo _____   ella _____

b. What are the *yo* and *Ud.* forms of *caer*?    yo _____   Ud. _____

c. What are the *yo* and *ellos* forms of *huir*?    yo _____   ellos _____

For this group of infinitives, extra accent marks are added to the *tú* and *nosotros* forms of some verbs, again for pronunciation.

Example:  Te caíste del árbol.

Nosotros leímos unas revistas viejas.

**Consult a Spanish dictionary. Make a list of other -eer, -aer, and -uir infinitives that fit this pattern of change. Remember that some verbs will not fit the pattern because they are irregular.**

2.4  _____

_____

## IRREGULAR VERBS IN THE PRETERIT

You will have to make a considerable effort to memorize them all. We have arranged them into groups by spelling change and ending, in order to make memorization a little easier.

| ir—to go | |
|---|---|
| yo  **fui** | nosotros / nosotras  **fuimos** |
| tú  **fuiste** | vosotros / vosotras  **fuisteis** |
| él / ella / Ud.  **fue** | ellos / ellas / Uds.  **fueron** |

What is missing from these forms? As you can see, irregular preterit verb forms do not have accents.

| ser—to be ||
|---|---|
| yo　　fui | nosotros<br>nosotras　　fuimos |
| tú　　fuiste | vosotros<br>vosotras　　fuisteis |
| él<br>ella　　fue<br>Ud. | ellos<br>ellas　　fueron<br>Uds. |

As you remember from Unit Two, the infinitives *ser* and *ir* have the same forms in the preterit tense. In sentences, you can discern the meanings of the forms by the context of the passage or conversation.

 **Translate into English.**

2.5　　a.　Yo fui al supermercado. _____

　　　　b.　Ellos fueron buenos amigos. _____

　　　　c.　¿Fuiste la chica del vestido rojo? _____

　　　　d.　Fuimos al partido de fútbol. _____

| dar—to give ||
|---|---|
| yo　　di | nosotros<br>nosotras　　dimos |
| tú　　diste | vosotros<br>vosotras　　disteis |
| él<br>ella　　dio<br>Ud. | ellos<br>ellas　　dieron<br>Uds. |

2.6　　*Dar* is an *-ar* infinitive, but what do you observe about its endings? _____

| ver—to see ||
|---|---|
| yo　　　　　　vi | nosotros, nosotras　　vimos |
| tú　　　　　　viste | vosotros, vosotras　　visteis |
| él, ella, Ud.　　vio | ellos, ellas, Uds.　　vieron |

The infinitive *ver* seems to have the correct endings. Why, then, is it is labeled irregular? What is missing? The fact that *ver* has no accent marks in the preterit makes it irregular.

The final irregular infinitives are divided into three groups, mainly by similarities in stem change. The last three groups are the **I group**, the **J group,** and the **U group**.

### THE I GROUP – *querer, venir, hacer*

Translate each infinitive.

2.7   a.  querer  _____

       b.  venir   _____

       c.  hacer  _____

Now fill in the charts with the forms of these infinitives. Pay close attention to spelling! It is very important that verb forms are spelled precisely. You may use Unit Two as a reference. Look for the special spelling for the *él, ella,* and *Ud*. form of *hacer*. The *vosotros* and *vosotras* form has been done for you. Do not forget to double-check your spelling!

2.8

| hacer—to do, make ||
|---|---|
| yo | nosotros / nosotras |
| tú | vosotros / vosotras **hicisteis** |
| él / ella / Ud. | ellos / ellas / Uds. |

2.9    Why does the *él, ella,* and *Ud*. form have another spelling change? _____

_____

2.10

| querer—to want, love ||
|---|---|
| yo | nosotros / nosotras |
| tú | vosotros / vosotras **quisisteis** |
| él / ella / Ud. | ellos / ellas / Uds. |

2.11

| venir—to come ||
|---|---|
| yo | nosotros / nosotras |
| tú | vosotros / vosotras **vinisteis** |
| él / ella / Ud. | ellos / ellas / Uds. |

THE J GROUP – *decir, traer, conducir*. This group includes any infinitive ending in *-ducir*.

 Translate each infinitive.

2.12  a.  decir  _____

       b.  traer  _____

       c.  conducir  _____

 Review these forms by filling in the charts.

2.13

| decir—to say, tell | |
|---|---|
| yo | nosotros / nosotras |
| tú | vosotros / vosotras **dijisteis** |
| él / ella / Ud. | ellos / ellas / Uds. |

2.14

| traer—to bring | |
|---|---|
| yo | nosotros / nosotras |
| tú | vosotros / vosotras **trajisteis** |
| él / ella / Ud. | ellos / ellas / Uds. |

2.15

| conducir—to drive | |
|---|---|
| yo | nosotros / nosotras |
| tú | vosotros / vosotras **condujisteis** |
| él / ella / Ud. | ellos / ellas / Uds. |

# THE U GROUP – *andar, estar, tener, poner, poder, saber*

Translate each infinitive.

2.16  a. andar  _____

b. estar  _____

c. tener  _____

d. poner  _____

e. poder  _____

f. saber  _____

Fill in these charts with the preterit forms of these verbs so that you have a reference.

2.17

| andar—to go, walk || 
|---|---|
| yo | nosotros / nosotras |
| tú | vosotros / vosotras **anduvisteis** |
| él / ella / Ud. | ellos / ellas / Uds. |

2.18

| estar—to be || 
|---|---|
| yo | nosotros / nosotras |
| tú | vosotros / vosotras **estuvisteis** |
| él / ella / Ud. | ellos / ellas / Uds. |

2.19

| tener—to have || 
|---|---|
| yo | nosotros / nosotras |
| tú | vosotros / vosotras **tuvisteis** |
| él / ella / Ud. | ellos / ellas / Uds. |

2.20

| poner—to put, place, set (the table) || 
|---|---|
| yo | nosotros / nosotras |
| tú | vosotros / vosotras **pusisteis** |
| él / ella / Ud. | ellos / ellas / Uds. |

2.21

| poder—to be able, can | |
|---|---|
| yo | nosotros / nosotras |
| tú | vosotros / vosotras **pudisteis** |
| él / ella / Ud. | ellos / ellas / Uds. |

2.22

| saber—to know | |
|---|---|
| yo | nosotros / nosotras |
| tú | vosotros / vosotras **supisteis** |
| él / ella / Ud. | ellos / ellas / Uds. |

On a particularly difficult day, many students are offering different excuses about why their homework is not done. Respond negatively, saying you did not do it, then write each excuse, using the preterit tense of the infinitive given. Once you have completed the written portion, read the conversations out loud with a partner.

2.23  a. ¿Hizo la tarea? (yo/tener que ir al hospital)
_____

b. ¿Hizo la tarea? (mi hermana/no poder ayudarme)
_____

c. ¿Hizo la tarea? (mi madre/no traer un bolígrafo de la tienda)
_____

d. ¿Hizo la tarea? (mi familia/ir al cine)
_____

e. ¿Hizo la tarea? (mis hermanos/hacer mucho ruido)
_____

f. ¿Hizo la tarea? (mis abuelos/venir a visitarnos)
_____

g. ¿Hizo la tarea? (mi amigo/llamarme por teléfono)
_____

h. ¿Hizo la tarea? (yo/no saber de la tarea)
_____

i. ¿Hizo la tarea? (mis amigos y yo/montar en bicicleta)
_____

j. ¿Hizo la tarea? (nosotros/no comprenderla)
_____

Answer the questions in the preterit tense, saying at what time you performed the following activities.

2.24  a. ¿A qué hora te dormiste?

___

b. ¿A qué hora saliste para la escuela?

___

c. ¿A qué hora visitaste a tu amigo ayer?

___

d. ¿A qué hora estudiaste anoche?

___

e. ¿A qué hora jugaste al tenis?

___

f. ¿A qué hora empezaste la tarea anoche?

___

g. ¿A qué hora comiste el desayuno?

___

h. ¿A qué hora viste a tu familia?

___

i. ¿A qué hora escribiste una carta?

___

j. ¿A qué hora fuiste al supermercado?

___

## SUPPLEMENTAL GRAMMAR: PRETERIT + *HACE*

This expression is the equivalent of the English word *ago*. It is used to express how much time has passed by since an action was completed. Read the sample sentences.

| | |
|---|---|
| **Pintó la casa hace cinco años.** | He painted the house five years ago. |
| **Oí ese chiste hace dos semanas.** | I heard that joke two weeks ago. |

Generally, the formula is **preterit form + *hace* + time expression**. Remember, *hace* does not change, regardless of the subject. It is simply a part of the idiom.

You and your grandparents are looking through the family album. Assuming the current year is 2007, calculate and express how much time has elapsed since the following events transpired.

**Example:** tú (mudarse en 2000)
 **Yo me mudé hace siete años.**

2.25  a. tu abuelo (casarse en 1958)

___

b. tu tía (nacer en 1975)

___

c. tus bisabuelos (great-grandparents) (venir a los Estados Unidos en 1910)

___

d. tu familia (mudarse aquí en 1961)

___

e. tu padre (morirse en 1980)

f. tú (trabajar en la fábrica en 1991)

g. ellos (casarse en 1977)

h. tus primos (nacer en 1990)

i. tus parientes (recibir la naturalización en 1937)

j. los hermanos de tu abuelo (llegar en barco en 1940)

**Choose 5 (five) of the activities below and calculate how long ago you performed them. Write each response in paragraph format.**

2.26
- a. hablar con mi hermano(a)
- b. hacer la tarea
- c. leer un buen libro
- d. abrir una puerta para una anciana
- e. hacer un examen
- f. visitar a un pariente
- g. cepillarse los dientes
- h. dar un regalo a un(a) amigo(a)
- i. ayudar a los padres
- j. comprar la ropa nueva

Adult check _____
        Initial        Date

**Change these present tense sentences to the preterit. Also complete the translations.**

2.27
1.  a. Ves un buen programa.    _____ a good program.
    b. _____ un buen programa.    _____ a good program.
2.  a. Limpian el baño.    _____ the bathroom.
    b. _____ el baño.    _____ the bathroom.
3.  a. Conducen el coche de su mamá.    _____ their mom's car.
    b. _____ el coche de su mamá.    _____ their mom's car.
4.  a. Pedro ve un accidente.    _____ an accident.
    b. _____ un accidente.    _____ an accident.
5.  a. Necesita usar un bolígrafo.    _____ to use a pen.
    b. _____ usar un bolígrafo.    _____ to use a pen.
6.  a. Me presta cinco dólares.    _____ five dollars to me.
    b. Me _____ cinco dólares.    _____ five dollars to me.
7.  a. Vuelves a casa temprano.    _____ home early.
    b. _____ a casa temprano.    _____ home early.
8.  a. Nos caemos por la escalera.    _____ down the stairs.
    b. _____ por la escalera.    _____ down the stairs.
9.  a. Se divierten en el parque.    _____ in the park.
    b. _____ en el parque.    _____ in the park.
10. a. Encontramos un tesoro.    _____ a treasure.
    b. _____ un tesoro.    _____ a treasure.

## FORMATION OF THE IMPERFECT TENSE FORMS

Verb endings of the imperfect tense are much easier to memorize, because there are very few irregular (and no spelling change) verb forms. Here are the endings for regular infinitives in the imperfect tense.

| -AR infinitives | | | |
|---|---|---|---|
| yo | -aba | nosotros, nosotras | -ábamos |
| tú | -abas | vosotros, vosotras | -abais |
| él, ella, Ud. | -aba | ellos, ellas, Uds. | -aban |

| -ER/-IR infinitives | | | |
|---|---|---|---|
| yo | -ía | nosotros, nosotras | -íamos |
| tú | -ías | vosotros, vosotras | -íais |
| él, ella, Ud. | -ía | ellos, ellas, Uds. | -ían |

 A group of old friends meet at a reunion. They are remembering what they used to do together as children. Write the imperfect tense forms of the infinitives given.

2.28
a. Yo (estudiar) _____ el baile.

b. Marisol (salir) _____ con Juan Pedro.

c. Nosotros (comer) _____ en aquel café.

d. Uds. (estar) _____ en las mismas clases.

e. A Quique le (gustar) _____ contar chistes.

f. Tú (tener) _____ un perro muy pequeño.

g. Consuelo y Verónica (trabajar) _____ en un banco.

h. Fernando y yo (hablar) _____ por teléfono todas las noches.

i. Nosotros (subir) _____ al autobús en aquella esquina.

j. Nuestros padres no nos (castigar) _____ mucho.

The imperfect tense is often used with the expression *desde hacía* + time expression in order to describe for how long an action had continued in the past in relationship to another past action. Read the sample sentence.

> **Me levantaba a las cinco desde hacía cinco años cuando decidí jubilarme.**
> *I had been getting up at 5:00 for five years when I decided to retire.*

In order to form the question, "For how long...?", use the phrase *desde cuándo* with the imperfect tense. Read the sample sentence.

> **¿Desde cuándo se casaban cuando decidieron divorciarse?**
> *For how long had they been married when they decided to get a divorce?*

Decide for how long the following people held employment in each area before they decided to change jobs. Express that amount of time using *imperfect* + *desde hacía* + time expression.

2.29
a. Rodolfo: en un banco / de 1978 hasta 1998.

_____

b. La Sra. Galdós: como profesora / de 1987 hasta 2002.

_____

c. Jorge: en el departamento de transporte / de mayo hasta enero

_____

d. El Sr. Rivas: en el hospital / de 2005 hasta 2006

e. Chamo: como policía / de 1982 hasta 1995

f. Consuelo: como ingeniera / de 1993 hasta 2007

g. Yo: en la oficina / de lunes hasta miércoles

h. Margarita: en la gasolinera / de enero hasta octubre

i. Mi abuelo: en el almacén / de 1962 hasta 1999

j. Ricardo: en la panadería / de 1980 hasta 1996

## IRREGULAR FORMS OF THE IMPERFECT

The three infinitives with irregular forms in the imperfect tense are:

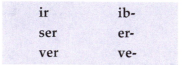

| ir | ib- |
| ser | er- |
| ver | ve- |

Fill in the charts with the imperfect forms of each.

2.30

| ir—to go | |
|---|---|
| yo | nosotros, nosotras |
| tú | vosotros, vosotras **ibais** |
| él, ella, Ud. | ellos, ellas, Uds. |

2.31

| ser—to be | |
|---|---|
| yo | nosotros, nosotras |
| tú | vosotros, vosotras **erais** |
| él, ella, Ud. | ellos, ellas, Uds. |

2.32

| ver—to see | |
|---|---|
| yo | nosotros, nosotras |
| tú | vosotros, vosotras **veíais** |
| él, ella, Ud. | ellos, ellas, Uds. |

Let's use the *desde cuándo* phrases again to review these forms. Imagine you are at a job interview. The office manager is questioning the length of time you had been fulfilling certain responsibilities when you applied for the job.

 **What would he or she have asked?**

**Example:** vivir en el centro

¿**Desde cuándo vivía Ud. en el centro?**

2.33  a. asistir a la universidad en el centro de la ciudad
_____

b. ser estudiante
_____

c. trabajar en la fábrica
_____

d. conocer al jefe de la compañía
_____

 **Change these preterit forms to the corresponding imperfect forms.**

2.34  a. ellos durmieron  _____
b. nosotros volvimos  _____
c. tú me diste  _____
d. yo llegué  _____
e. Uds. fueron  _____
f. María vio  _____
g. Ud. y yo nos pusimos  _____
h. Carlota y Ud. se cayeron  _____
i. ¿Quién supo?  _____
j. yo tuve  _____
k. tú escribiste  _____
l. el estudiante leyó  _____
m. mis padres anduvieron  _____

## USING THE PRETERIT AND IMPERFECT TENSES

Read the following passage. Be aware of the use of both past tenses: preterit and imperfect.

Cuando **me desperté** a las cinco y media, **llovía**. **Hacía** frío. Todavía **era** oscuro (dark) afuera. **Encendí** la luz y **bajé**. Mi perro me **esperaba** cuando **llegué** a la cocina. Yo **estaba** segura de que él **tenía** hambre. Le **di** de comer y **preparé** mi propio desayuno. Durante aquellos días, cuando **tenía** unos diez años, siempre **desayunaba** cereal con leche. Mientras **comía**, mi hermano **entró**. Él **quería** comer unos huevos revueltos y los **preparó**.

La casa **era** bastante tranquila. No **conversábamos**. De repente, **oímos** un ruido muy fuerte. **Eran** las seis. **Corrimos** a la escalera. Mi madre **estaba** al pie de la escalera. **Lloraba** cuando **llegamos**. En la oscuridad ella no **podía** ver bien y **se cayó**. La **ayudamos** a caminar a la cocina, donde el perrito **quedaba**, mirándonos. **Calentamos** una taza de café para ella. **Se sentía** mejor; mi hermano y yo **estábamos** contentos.

▶ Before beginning the discussion of preterit vs. imperfect, work with a partner in order to translate the above passage into English. Keep in mind this passage was told in the past tense.

2.35 _____

▶ Now, reread your translation and highlight or underline the corresponding preterit and imperfect verb forms. The imperfect and preterit are both past tenses, but each is used only in certain situations. Think about what kinds of information are expressed by each tense in this passage.

2.36  a. Which tense (the preterit or the imperfect) communicates telling time? _____

b. Which communicates describing weather? _____

c. Which is used for simple, completed actions? _____

d. Which is used for habitual/repeated actions? _____

e. Which is used for ongoing actions? _____

f. Which communicates mental activity (feeling, etc.)? _____

g. Which is used for telling age? _____

h. Which communicates descriptive information? _____

You have just summarized the rules for using the imperfect and preterit tenses. Review each one more closely now. As each rule is reviewed, add it to the list on the appropriate chart below. Keep these charts current, so that you may use them as a quick reference tool for later activities.

| preterit | imperfect |
|---|---|
| | |

The imperfect tense is used for background information or description. This includes weather, date, time, age, physical appearance, and clothing. The preterite tense is used primarily for simple, completed past actions.

 **Analyze this image and answer the questions.**

2.37  No hacía sol cuando la caserola se quemó.

a. Why is *hacer* in the imperfect tense? _____

b. Why is *se quemó* in the preterit? _____

There are two kinds of information in this sentence: description (the weather/*hacía sol*) and action (burned/*se quemó*). One must be able to recognize both in order to express the past accurately.

2.38 Cuando la caserola se quemó, eran las cinco y cuarto.

　　a. Write the part of the sentence communicating background information.

　　　_____

　　b. What kind of background information is it? _____

　　c. Why has *se quemó* been left in the preterit again?

　　　_____

2.39 La señora llevaba un suéter cuando la caserola se quemó.

　　a. Why does *wearing* take the imperfect? _____

　　b. Is *wearing* really an important action of this phrase? _____

2.40 La señora tenía treinta años cuando la caserola se quemó.

　　a. Is being 30 years old what this sentence is really about? _____

　　b. What is this sentence really about? _____

　　c. What kind of information is *tenía treinta años*? _____

▶ **Answer these questions about the picture in complete Spanish sentences. Use the preterit and imperfect in each.**

2.41　a. ¿Llevaba un suéter cuando la caserola se quemó?

　　　_____

　　b. ¿Cuándo la caserola se quemó, qué hora era?

　　　_____

　　c. ¿Qué tiempo hacía? _____

　　d. ¿Cuántos años tenía la señora cuando se quemó la caserola?

　　　_____

　　e. ¿Era de día o de noche?

　　　_____

The imperfect of *hay* is *había*. Practice this concept with the following picture.

 **First, describe what is going on in this picture in English.**

2.42 _____
_____
_____

2.43 From all the information you wrote, decide what kind of information is descriptive. Write it here.
_____

2.44 Decide what the true action of the passage is. _____

2.45 What kind of information will you translate into the imperfect? _____
_____

2.46 Which information will you translate into the preterit? _____

 **Answer the following questions.**

2.47  1. a. ¿Qué tiempo hacía cuando subieron al coche? _____
_____

   b. Translate your answer into English. _____
_____

 2. a. ¿Qué hora era cuando subieron al coche? _____
_____

   b. Translate your answer into English. _____
_____

   c. Why is the verb *era* in the imperfect tense? _____
_____

Study this picture carefully, and answer the questions below.

Before you answer the questions below, consider the following.
What information is descriptive? What counts as background information?
What is the central action of the picture?

2.48  a.  ¿Qué tiempo hacía cuando cayó el vaso? _____

      b.  ¿Qué estación del año era cuando cayó el vaso? _____

      c.  ¿Cuando el vaso cayó, qué hora era? _____

      d.  ¿De qué color eran las flores que cayeron con el vaso? _____

      e.  En tu opinión, ¿cuántos años tenía la bebé cuando cayó el vaso? _____

      f.  In English, summarize the background or descriptive information you provided. _____

      g.  What tense should you have used for that information? _____

Circle the correct tense of the forms given in order to complete the sentences.
You will have to analyze the whole sentence first, decide what kinds of information are given, and then choose your answer.

2.49  a.  En el verano ( hacía / hizo ) sol cuando viajamos a la playa.

      b.  ( Llevaba / Llevé ) mi sombrero favorito al teatro anoche.

      c.  El día que te ( veían / vieron ), tú no ( tenías / tuviste ) tu chaqueta.

      d.  Yo ( tenía / tuve ) cinco años cuando ( conocía / conocí ) a Elena.

e. No ( llovía / llovió ) durante la tarde cuando nosotros ( íbamos / fuimos ) a la playa.

f. Cuando ella ( salía / salió ), ya ( eran / fueron ) las seis.

g. La fecha ( era / fue ) el diecinueve de agosto.

h. El hombre ( parecía / pareció ) muy triste.

i. La mujer que trabajaba allí ( era / fue ) bastante joven.

j. El perro que me ( mordía / mordió ) ( era / fue ) pardo.

---

**ISOLATED VS. REPEATED ACTION**

The **preterit** tense expresses isolated, single actions or those that were repeated a finite number of times. The **imperfect** tense expresses habitual actions that were repeated an indefinite number of times. In this type of expression, it is often translated as "used to." Read the sample sentences.

> Imperfect: **Cuando yo era joven, mi familia iba al parque los domingos.**
> When I was young, my family used to go (went) to the park on Sundays.

> Preterit: **La visitamos en Colorado cinco veces.**
> We visited her in Colorado five times.

Often certain phrases can provide a clue as to which tense to use. If you feel a phrase implies unlimited repetition or habit, write *imperfect*. If the phrase implies a single occurrence, or a known number of repetitions, write *preterit*.

**Example:** los domingos—**imperfect**

*Los domingos* means *Sundays*, plural, but how many exactly? Since you can't tell how many, you must choose *imperfect*.

**Example:** de repente (suddenly)—**preterit**

Sudden actions tend to be isolated events. Things generally do not happen suddenly repeatedly. That would not be suddenly. Consequently, you must choose *preterit*.

 **Answer the following questions with *imperfect* or *preterit*.**

2.50
a. muchas veces _____    i. el otro día _____

b. todos los días _____    j. por la primera vez _____

c. una vez _____    k. los fines de semana _____

d. siempre _____    l. los domingos _____

e. ayer _____    m. el viernes _____

f. el lunes en la clase _____    n. el martes _____

g. de repente _____    o. en el pasado _____

h. generalmente _____

Of course, there are more phrases than the ones that were just listed. As long as you are aware of implied repetition within them, you will be able to recognize which tense is needed.

 **Imagine that an older relative is describing his/her childhood to you, expressing things he or she used to do. Rewrite each sentence, changing the infinitive of each sentence to the appropriate imperfect tense form.**

2.51　First, explain why the imperfect is needed in these sentences. _____
_____

2.52　a.　Nosotros (ir) a la iglesia los domingos. _____

　　　b.　Yo (trabajar) en una granja después de las clases. _____

　　　c.　Mis amigos (jugar) mucho conmigo. _____

　　　d.　Yo nunca (volver) a casa tarde. _____

　　　e.　Mi familia y yo siempre (comer) juntos. _____

　　　f.　Mis hermanas y yo (ir) a la escuela a pie. _____

　　　g.　Yo (divertirse) en la escuela todos los años. _____

　　　h.　Generalmente, nosotros (acostarse) temprano. _____

　　　i.　En el pasado mi amigo me (visitar) en mi casa. _____

　　　j.　En aquel entonces (Back then) la gente no (gastar) mucho dinero. _____

 **Circle the correct tense, *preterit* or *imperfect*.**

2.53　a.　Una vez ( me rompí / me rompía ) la pierna.

　　　b.　Mi abuelo siempre ( desayunó / desayunaba ) huevos fritos.

　　　c.　Por fin ( llegamos / llegábamos ) a las nueve.

　　　d.　Generalmente ( llegamos / llegábamos ) a las nueve.

　　　e.　Todos los días ( fue / iba ) por autobús.

　　　f.　Durante mi juventud ( miré / miraba ) una película los sábados por la noche.

　　　g.　Ayer ( encontramos / encontrábamos ) nuestras llaves en el garaje.

　　　h.　Solamente dos veces ( visitaron / visitaban ) a mis parientes en Colorado.

　　　i.　El miércoles pasado ( pusiste / ponías ) un cartel en la pared.

　　　j.　Muchas veces el niño ( se cayó / se caía ) por el hielo.

**Summarize what you have have learned.**

List **two** uses of the imperfect tense.

2.54 a. _____

b. _____

List **two** uses of the preterit tense.

2.55 a. _____

b. _____

Read the following passages. You may read to yourself or out loud with a partner. After each passage, you have two assignments. First, translate it into English. Then, once you are sure about what the passage means, rewrite the passage in Spanish in the past tense. Think carefully about which tense you may need, imperfect or preterit.

 **Translate into English (a), then rewrite in the past tense in Spanish (b).**

2.56   1.  Es la una cuando recibo la llamada por teléfono. Soy el jefe y estoy en mi oficina. Siempre almuerzo a la una. El día pasa aburridamente. De repente el teléfono suena. ¡Mi esposa sale para el hospital para dar a luz a nuestra hija!

a. _____
_____
_____
_____

b. _____
_____
_____
_____
_____

2.  Es el verano. Hace calor. Durante el verano nadamos todos los días por la tarde. Hay cinco niños en la piscina. De repente mi hermana grita porque ve una araña (spider) en el agua.

a. _____
_____
_____
_____

b. _____
_____
_____
_____

# SPANISH II

UNIT 3

LIFEPAC TEST

75/94

Name _____

Date _____

Score _____

# SPANISH II LIFEPAC TEST 3

## LISTENING

1. Decide in which area of the home each person may be. Listen for the specific activities mentioned and circle the correct answer. (1 pt. each) [CD–B, Track 26]

   a.  la sala         el baño         el comedor
   b.  la sala         la clase        el garaje
   c.  el baño         la cocina       el dormitorio
   d.  el jardín       el dormitorio   la cocina
   e.  la sala         el garaje       el comedor
   f.  el dormitorio   el garaje       el comedor
   g.  el jardín       el comedor      el baño
   h.  el garaje       la clase        el comedor
   i.  el dormitorio   la sala         la cocina
   j.  el comedor      el dormitorio   el garaje

2. Place the number of the sentence next to the picture it matches. (1 pt. each) [CD–B, Track 27]

a. _____   b. _____   c. _____   d. _____   e. _____

f. _____   g. _____   h. _____   i. _____

3. Listen for the verb tense and phrase. Decide when the activity occurred (or is occurring) by placing a check mark next to your choice. (1 pt. each) [CD–B, Track 28]

   a. ____ recently occurred   ____ recently began, continues still   ____ present   ____ past

   b. ____ recently occurred   ____ recently began, continues still   ____ present   ____ past

2

c. \_\_\_\_\_ recently occurred   \_\_\_\_\_ recently began, continues still   \_\_\_\_\_ present   \_\_\_\_\_ past

d. \_\_\_\_\_ recently occurred   \_\_\_\_\_ recently began, continues still   \_\_\_\_\_ present   \_\_\_\_\_ past

e. \_\_\_\_\_ recently occurred   \_\_\_\_\_ recently began, continues still   \_\_\_\_\_ present   \_\_\_\_\_ past

f. \_\_\_\_\_ recently occurred   \_\_\_\_\_ recently began, continues still   \_\_\_\_\_ present   \_\_\_\_\_ past

g. \_\_\_\_\_ recently occurred   \_\_\_\_\_ recently began, continues still   \_\_\_\_\_ present   \_\_\_\_\_ past

h. \_\_\_\_\_ recently occurred   \_\_\_\_\_ recently began, continues still   \_\_\_\_\_ present   \_\_\_\_\_ past

i. \_\_\_\_\_ recently occurred   \_\_\_\_\_ recently began, continues still   \_\_\_\_\_ present   \_\_\_\_\_ past

j. \_\_\_\_\_ recently occurred   \_\_\_\_\_ recently began, continues still   \_\_\_\_\_ present   \_\_\_\_\_ past

# READING

4. **Read the following paragraph about a recent storm. Answer the questions that follow.** (1 pt. each)

El quince de agosto una tormenta violenta de lluvia vino al pueblo de Maraca. Eran las once cuando el viento llegó. El servicio nacional de pronóstico del tiempo (weather forecast) dijo que el viento soplaba (was blowing) a noventa y cinco millas por hora. La lluvia cayó a la tierra con mucha fuerza. Unas tres pulgadas (inches) de agua cayeron, causando inundaciones (floods). El viento destruyó muchos árboles. Cuando muchas personas se levantaron, encontraron sus garajes en ruinas a causa del viento.

Todavía el pueblo está limpiando el lío (mess) dejado por la tormenta. Ahora hace tres días que la gente remueve (remove) la basura (trash). Otros están pensando en reparar el daño (damage) lo más pronto posible (as soon as possible).

Si Ud. quiere ayudar con donaciones de dinero o ayuda, puede hablar a la oficina de este periódico al número 555-8103.

1. ¿Cuál es el tema (theme) de este artículo? _____
   a. un accidente
   b. muy mal tiempo
   c. la necesidad de donar dinero a los pobres

2. ¿Cuándo ocurrió? _____
   a. por la noche
   b. tres días después de esa noche
   c. por la mañana

3. ¿Qué destruyó los garajes? _____
   a. el viento
   b. los árboles que cayeron
   c. tres pulgadas de lluvia

4. ¿Hace cuánto tiempo que limpian las personas? _____
   a. una semana
   b. lo más pronto posible
   c. tres días

5. ¿Qué puede hacer Ud. si quiere ayudar? _____
   a. hablar a los garajes
   b. hablar a la oficina del periódico
   c. llamar el servicio nacional de pronóstico del tiempo

5. **Tomás is reading the advertisements from the Sunday paper, because he needs new furniture. Read the following advertisement and choose the best answer for each question that follows.** (1 pt. each)

| Mueblería Bajondillo | lunes a sábado, 9–6 REBAJADOS | | 832 Calle Real BUENOS PRECIOS | (480) 555-7683 |
|---|---|---|---|---|
| cómodas | ~~$350.00~~ | $200.00 | | |
| sofás | descuento de 25% | | | |
| mesas de comedor | ~~$500.00~~ | $400.00 | | |
| sillas | descuento de 10% | | | |
| camas para niños | ~~$250.00~~ | $175.00 | | |

1. ¿Qué se vende en esta tienda? _____
   a. los muebles
   b. los teléfonos
   c. los libros

2. ¿Cuánto dinero va Ud. a ahorrar (save) si compra una cómoda? _____
   a. $25
   b. $300
   c. $150

3. ¿A qué hora se abre? _____
   a. a las seis
   b. a las diez
   c. a las nueve

4. ¿Para quién es la cama rebajada? _____
   a. los adultos
   b. los niños
   c. los enfermos

5. ¿Cuánto cuesta una mesa de comedor antes de la rebaja? _____
   a. $150
   b. $25
   c. $500

## WRITING

6. **Decide if each sentence requires *por* or *para*. Write your choice in the blank.** (1 pt. each)

   a. En la cafetería, Juan Carlos da una manzana a Pedro _____ su banana.

   b. Asisto a la universidad _____ aprender mucho.

   c. Se preparan _____ el examen.

   d. Se levanta temprano _____ no perder el autobús.

   e. Nos paseamos _____ el parque.

   f. Mandar cartas _____ avión es muy rápido.

   g. _____ un joven, tiene muy buena conducta (behavior).

   h. Planeo una fiesta _____ el domingo.

   i. Tengo que terminar el proyecto _____ mañana.

   j. La canción fue cantada (sung) _____ la Señora Graciela.

7. **Fill in each blank with one of the following words or phrases:** *a causa de, pero, sino, sino que,* or *porque*. (1 pt. each)

   a. _____ ti, estamos tarde para la fiesta.

   b. Asisto a la función de teatro, _____ no me gusta.

   c. Chamo salió con Cristina, _____ ella es muy simpática.

   d. No estoy en la escuela _____ la gripe (flu).

   e. En el café, Virginia no pidió un café _____ un refresco.

   f. Franco está enojado, _____ su coche no funciona.

   g. Buscamos unos vasos, _____ no había ninguno.

   h. El hombre no hizo el trabajo, _____ durmió todo el día.

   i. Corres en los maratones, _____ te diviertes mucho.

   j. A ella le gusta ir al cine, _____ está muy ocupada.

8. **Change each short passage from the present tense to the past. Use the imperfect and the preterit tenses as needed.** (5 pts. each)

   a. Es el diecinueve de noviembre. Voy a la casa de mis abuelos cuando me paro para comprar gasolina para mi coche. Hace mucho frío. Después de pagar la gasolina, trato (I try) de arrancar (start) el motor, pero no arranca. Llamo a mi esposo. Tengo que esperar mientras mi esposo viene a ayudarme.

   b. Carolina asiste a la fiesta de MariCarmen. Es su cumpleaños. Le trae un regalo bonito. Camina cinco cuadras a la casa de MariCarmen. Muchas amigas ya están en la fiesta. Carolina charla con muchas personas. Se divierte mucho.

c. Cuando somos jóvenes, vamos a la casa de nuestra tía por dos semanas cada verano. Nadamos en el lago y jugamos en el bosque cerca de su casa. Mi tía es una mujer muy generosa y divertida. Ella siempre cocina bien para nosotros. Ella puede contar buenos chistes también. El día que ella se muere, yo sé que mi niñez (childhood), de una manera, termina con ella.

9. **Translate the following sentences into Spanish.** (2 pts. each)

   a. She was going to Madrid, but the train didn't arrive.

   b. I read the book on Saturday and wrote the assignment on Sunday.

   c. They couldn't go to the party, because they didn't have a car.

   d. While she was washing the baby, the cat fell into the bathtub.

   e. I didn't find the keys, but I did find twenty-five cents.

f. The artist painted a portrait, but the lady didn't like it.

g. For an old man, he ran very fast.

h. They believed that (*que*) they heard a voice (*una voz*) in the kitchen.

i. When I was fifteen, I used to work in the garden.

j. The weather was bad.

# NOTES

3. Asisten a la fiesta anual de Navidad. Hay muchos adornos. Toda la gente lleva ropa muy elegante. Comen una cena rica este año. Reciben regalos bonitos este año también.

a. _____

b. _____

**Complete the following exercise.**

Locate a photo of yourself as a small child. Describe it by writing seven sentences in the past tense. You may include where you lived at the time, what you were wearing, your age, or even things you liked to do.

2.57
a. _____
b. _____
c. _____
d. _____
e. _____
f. _____
g. _____

✔ Adult check _____
Initial                    Date

# COMPLETED VS. INTERRUPTED ACTION

 Read the following passage.

¡Qué noche tuvimos! Eran las siete y media. Estudiaba con mi hermano. Mis padres miraban una película en la televisión. El perrito dormía. De repente, todos los aparatos eléctricos se apagaron. Nosotros nos asustamos. No podíamos ver nada. Mis padres nos llamaron para saber si estábamos bien. Dos horas más tarde, todos los aparatos se encendieron. ¿Qué pasó?, queríamos saber. Lentamente volvimos a nuestras actividades anteriores. Nos reímos del perro: ¡todavía dormía!

Translate the above passage into English, keeping in mind the story is told in the past tense. You may choose to work with a partner.

2.58 _____

Analyze the action in the paragraph.

2.59
a. What was the unusual event? _____
b. Was that event an isolated action? _____
c. What tense is associated with that event? _____
d. What was happening when the lights went out? _____
e. Had those activities been ongoing, or had they occurred at a specific time? _____
f. What tense is associated with the ongoing activities? _____
g. What was the tense used for the actions that were interrupted? _____
h. What was the tense used for the action that caused the interruption? _____
i. How are the imperfect actions (mostly) translated? _____
j. How are the preterit actions (mostly) translated? _____

The imperfect tense represents ongoing actions, and the preterit tense represents simple, isolated completed actions.

Imagine the two kinds of action on a timeline. An imperfect (ongoing) action would be represented as a continuing line. A preterit (simple, completed) action would be represented as a point along the line. In the imperfect, there is no beginning or ending to that kind of action, like breathing. However, breathing is something that happens at any given point as well. In other words, a breath can only be taken once and never returns, but is replaced by another as we breathe. Breathing is ongoing; a breath is a one-time event.

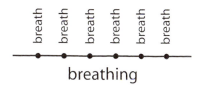

 Draw a line to match the Spanish phrase with the appropriate English one. Then, identify the word or phrase as imperfect or preterit in the space provided.

2.60  a. I was studying.                dormía              _____

b. My parents were watching TV.         se apagaron         _____

c. The dog was sleeping.                se encendieron      _____

d. The lights went out.                 estudiaba           _____

e. My parents called out to me.         miraban la televisión  _____

f. Everything turned on.                me llamaron         _____

There were many ongoing activities in the passage, all taking place simultaneously. The imperfect tense also describes simultaneous actions: those that are ongoing all at once, yet do not interrupt each other.

2.61  What were the simultaneous actions of the passage? _____

_____

 Picture yourself trying to study. You keep getting interrupted. Express what interrupts your studies. Use the preterit and the imperfect in each answer.

**Example:**  ¿Qué pasó mientras (while) estudiabas? (el teléfono/sonar)

**El teléfono sonó mientras estudiaba.**

2.62  a. ¿Qué pasó mientras estudiabas? (mi padre/llamarme)

_____

b. ¿Qué oíste mientras estudiabas? (mi vecino/gritar)

_____

c. ¿A quién viste mientras estudiabas? (Héctor/entrar en el cuarto)

_____

d. ¿A quién le hiciste un favor mientras estudiabas? (Marisol/necesitar un lápiz)

_____

e. ¿Qué pasó mientras estudiabas? (un accidente/ocurrir afuera)

_____

> Describe what each person was doing when he or she was interrupted by the ringing of the telephone. Use the pictures provided. Each of your answers should contain a preterit verb form and an imperfect verb form.

2.63

Example: Marina se cepillaba el pelo cuando sonó el teléfono.

a. Mi amigo _____ .

b. José _____ .

c. Cristóbal y yo _____ .

d. Inés _____ .

e. Mis hermanos _____ .

f. Yo _____ .

g. Elisa _____   h. Daniela _____

_____ .   _____ .

i. Tomás _____   j. Carmen _____

_____ .   _____ .

✔ Adult check _____
                               Initial                      Date

Consider the following scenario. A group of people are at an outdoor café. Alonso is enjoying his coffee while reading the newspaper. Juana and Beto are eating sandwiches and drinking sodas. Señora Lanogosta is people-watching while nursing a glass of water. Mariana, the waitress, is placing an order on a customer's table, while Chamo is thumbing through his wallet to find enough money to pay his bill. Storm clouds are forming overhead. Describe what each person was doing at the moment it began to rain. Before beginning, consider the phrase "It began to rain." Is this expressed by the preterit or the imperfect tense?

 **Answer the following questions.**

2.64 Why is the preterit tense needed in the phrase "it began to rain"?

_____

_____

2.65 a. ¿Qué hacía Alonso cuando empezó a llover? _____

_____

b. ¿Qué hacían Juana y Beto cuando empezó a llover? _____

_____

c. ¿Qué hacía la Sra. Lanogosta cuando empezó a llover? _____

_____

d. ¿Qué hacía Mariana cuando empezó a llover? _____

_____

e. ¿Qué hacía Chamo cuando empezó a llover? _____

_____

Using the cues provided, write excuses for why the following people were late to Julia's party. Write your English answer in the first blank. Write your Spanish answer in the second blank.

2.66   1. (yo) vestirse/recibir una llamada telefónica

   a. _____
   b. _____

   2. (nosotros) salir/mi madre llegar

   a. _____
   b. _____

   3. (yo) ponerme la chaqueta/perder un botón

   a. _____
   b. _____

   4. (ella) maquillarse/el bebé comenzar a llorar

   a. _____
   b. _____

   5. mientras (yo) pagar la gasolina/un robo ocurrir

   a. _____
   b. _____

   6. mientras (ellos) viajar a mi casa/perderse

   a. _____
   b. _____

   7. mientras (yo) ir la fiesta/pararse en el supermercado

   a. _____
   b. _____

Write the correct form, in the correct past tense (preterit or imperfect), of the given infinitive in the space provided. Note—ask yourself these questions: Is this background information or a simple action? Is it an ongoing or an isolated action? Is it a habitual or a single action?

2.67   a. La mañana del siete de octubre _____ hermosa. (ser)

   b. No _____ ninguna nube (cloud). (haber)

   c. _____ sol. (Hacer)

   d. Yo _____ a mi madre que _____ el desayuno abajo. (oír, preparar)

e. Mi hermano _____ por mi cuarto después de salir del baño. (pasar)

f. Yo _____ la ropa y _____ al comedor. (ponerse, ir)

g. Yo _____ mucha hambre. (tener)

h. Siempre _____ un buen desayuno. (comer)

i. Pero esta mañana mi madre _____ un plato hondo de cereal delante de mí. (poner)

j. «¿Por qué no me _____ (tú) los huevos?», le _____ (yo). (preparar, preguntar)

k. «No _____ al mercado ayer», ella me _____ . (ir, responder)

l. Nunca me _____ mucho el cereal. (gustar)

m. Pero lo _____ . (comer)

n. Generalmente yo no _____ . (quejarse)

o. Yo _____ gracias por todo antes de comer. (dar)

p. Después del desayuno, nosotros _____ a la escuela en carro. (ir)

q. Mi padre me _____ delante de la escuela y luego _____ el camino para su trabajo. (dejar, seguir)

r. Hoy _____ con gusto el almuerzo de la escuela. ¡Qué raro! (esperar)

---

## MENTAL ACTIVITY

The imperfect is often used to express mental activity in the past.

**Write two examples of Spanish infinitives for each category below. Write the English translation of each infinitive next to it.**

2.68

1. feeling
   a. _____
   b. _____

2. thinking, believing
   a. _____
   b. _____

3. wishing
   a. _____
   b. _____

4. knowing
   a. _____
   b. _____

Go back to your original chart of rules for the preterit and imperfect tenses. In the imperfect column, include verbs of mental activity.

**Translate these expressions using the past tense.**

2.69
a. I wanted to go home. _____
b. She had many friends. _____
c. I didn't know the answer (la respuesta). _____
d. I liked hamburgers. _____
e. We wished to visit our grandparents. _____
f. You didn't believe him. _____
g. Why did you want to read the letter? _____
h. They knew me well. _____
i. He hoped to escape. _____
j. All of you were very sad. _____

**Change each phrase to the past tense. First, decide if each is a true (physical) action or a mental activity. Write the correct form and tense.**

2.70
a. Pienso en viajar por el mundo. _____
b. Elena está contenta. _____
c. Virginia y yo vamos a la biblioteca. _____
d. Al ver la destrucción, empiezan a llorar. _____
e. ¿Quién sabe? _____
f. El jefe espera trabajar hasta las siete. _____
g. Quiero un helado después de la cena. _____
h. Tú no escribes la tarea. _____
i. ¿Les gusta jugar? _____
j. ¡No lo crees! _____

## MEANING CHANGES

There are a few infinitives in the Spanish language whose meanings are dependent on the tense in which they are used. You will have to memorize these changes in order to use the verbs appropriately.

**poder**

preterit—succeeded, managed to, was able

2.71
a. translate   Pude terminar la tarea en diez minutos. _____
_____

imperfect—could, was able

b. translate   No podían oír las noticias. _____
_____

**saber**

preterit—found out

c. translate   Supimos la respuesta correcta. _____

imperfect—knew

d. translate   Consuelo sabía mi número de teléfono. _____

**tener**

preterit—received, got

e. Yo tuve la oportunidad de estudiar en México. _____

imperfect—had

f. Yo tenía un perro cuando era joven. _____

**querer**

preterit—*no querer:* translates as "refused"

g. No quisiste hacerlo. _____

imperfect—wanted

h. Ud. quería acostarse tarde. _____

**conocer**

preterit— met (someone for the first time)

i. Yo conocí a Juan ayer. _____

imperfect—knew, were familiar with

j. Yo conocía la región. _____

Finally, review the original reference chart. Add each infinitive's meaning in the appropriate column. By now, your chart should look like this:

| preterit | imperfect |
|---|---|
| simple action | background information |
| completed action | description |
| interrupting action | ongoing or interrupted action |
| physical action | repeated, habitual action |
| poder—to manage to | mental activity |
| no querer—to refuse | time |
| tener—to get, receive | date |
| saber—to find out | appearance |
| conocer—to meet (someone) | weather |
| | poder—to be able |
| | querer—to want |
| | tener—to have |
| | saber—to know (facts) |
| | conocer—to know (people) |

The Ramírez's father has been away for a few days. At the dinner table, each child is relating some recent events in their lives. Read each passage carefully. Then rewrite the passage in the past tense, using the preterit and imperfect.

*Cristina:* Son las seis y media cuando me levanto. Hace buen tiempo. Me siento muy bien. Por eso corro unos dos kilómetros para hacer un buen ejercicio antes del desayuno. Cuando regreso a casa, todos comemos. Como mi propio desayuno rápidamente; entonces me visto y me cepillo los dientes y el pelo. Tengo que darme prisa porque el autobús viene pronto. Paso un buen día en la escuela; siempre lo paso así. Recibo ciento por ciento en el examen de química.

2.72 _____

*Esteban:* No me acuesto hasta muy tarde el miércoles porque estudio mucho. No me levanto hasta las siete y media el jueves. Nunca me gusta hacer ejercicio. Como el desayuno. Termino la tarea de anoche. No oigo el autobús. ¡Lo pierdo hoy! Mamá está furiosa conmigo. Ella me lleva a la escuela en coche. Los estudiantes trabajan cuando yo llego. No puedo entender bien la lección porque no llego al comienzo de la clase. Voy a la práctica de fútbol después de las clases. Tengo una buena práctica: ¡marco dos goles!

2.73 _____

*Carlos:* Todavía duermo cuando ellos salen para la escuela. Mamá me despierta. Mientras miro la televisión, como el cereal. Mamá y yo vamos al supermercado. ¡Compramos una sorpresa para el postre! Vamos al parque después. Juego con unos amigos cuando Mamá dice que quiere regresar a casa. Estoy triste de salir. Lloro mucho. Paso las horas con mis juguetes en mi cuarto. Cristina regresa a las tres. Ella y yo charlamos hasta la cena.

2.74 _____

## LISTENING EXERCISES II

Exercise 1. Listen to the sentence fragments. Decide whether the preterit or imperfect form of the verb given is needed to complete the sentence, and circle the correct answer.  [CD–B, Track 22]

1. hacía        hizo
2. hacía        hizo
3. tenía        tuvo
4. iban         fueron
5. era          fue
6. eran         fueron
7. había        hubo
8. ibas         fuiste
9. oía          oí
10. llevaba     llevó

Exercise 2. Listen to the sentences. Circle the reason for the given verb form in each sentence. [CD–B, Track 23]

1. description             isolated action
2. habitual action         isolated action
3. description             simple action
4. isolated action         background information
5. isolated action         habitual action
6. habitual action         background information
7. background information  isolated action
8. habitual action         time
9. background information  isolated action
10. simple action          habitual action

# III. CULTURE, GEOGRAPHY, AND GRAMMAR

## LOS MAYAS

*El Castillo, una pirámide maya en Chichén Itzá.*

Los mayas desarrollaron su cultura en un territorio que se extendía desde Tabasco hasta Centroamérica. Las ruinas que quedan hoy día muestran que esta civilización alcanzó un nivel alto de cultura, de las ciencias y de las artes. Existió más de mil años antes de J. C. (Jesucristo).

Los mayas estudiaban los movimientos de las estrellas y usaban un calendario. El calendario maya era de 18 meses divididos en 20 días. Agregaban (added) cinco días más para tener un total de 365 días cada año. Sus métodos matemáticos eran bien avanzados porque inventaron el uso del concepto de cero y mostraban el conocimiento del principio de posición de números.

Los primeros mayas construyeron una serie de ciudades magníficas y centros religiosos, pero por razones desconocidas la civilización abandonó estos sitios y emigró hacia la península de Yucatán en el sudeste de México. Allí se desarrolló el nuevo Imperio maya. Se ve hoy en las ruinas de Chichén Itzá y Uxmal. Dejaron muchos pirámides, templos y palacios construidos de piedra y adornados de esculturas. Uno de los templos en Chichén Itzá estaba dedicado al estudio de la astronomía. Hacían estudios y observaciones y tenían el conocimiento de los movimientos exactos y la posición celestial de las estrellas.

Unas palabras en español que procedieron de los idiomas indígenas son *chocolate, chicle, chile, coyote* y *tomate*. Estas palabras son nombres de varios animales, plantas y productos nativos de los países de México y Centroamérica. Son palabras usadas por todo el mundo hoy día.

Los mayas tenían ceremonias y tradiciones que se perdieron en la antigüedad, y hay arqueólogos que hoy están excavando entre las ruinas para descubrir más de la riqueza de esta civilización. Se dice que a principios del siglo IX las enfermedades y las guerras civiles entre varias tribus causaron el comienzo de la decadencia de la civilización maya. Los habitantes abandonaron las ciudades principales, y cuando llegaron los españoles a la península de Yucatán, ya había desaparecido (had already disappeared) la época más avanzada del mundo maya.

 **Answer the questions for *Los Mayas*. Use complete Spanish sentences.**

3.1    a. ¿Cuándo existieron los mayas? _____

b. ¿Por qué abandonaron los primeros sitios y emigraron hacia el Yucatán? _____

c. ¿Cuáles son algunas palabras que vienen de los idiomas indígenas? _____

d. ¿Cómo era el calendario maya? Descríbelo. _____

e. ¿Qué hacen los arqueólogos de hoy? _____

## LA LEYENDA DE LOS DOS VOLCANES

En el estado de Guerrero en México hay dos volcanes grandes y majestuosos (majestic), Popocatépetl e Ixtaccíhuatl. Hay una leyenda (legend) famosa que habla de la bonita y triste historia de los dos enamorados. Popocatépetl es un guerrero valiente, y está enamorado de Ixtaccíhuatl, la hija del rey. El rey dice que el hombre que se case (marries) con su hija tiene que demostrar su valor en una batalla antes de llegar a ser su novio. Popocatépetl, para mostrar al rey que es digno (worthy) de la mano de su hija, se va a la guerra, jurando (swearing) volver victorioso.

*Los volcanes Popocatépetl Ixtaccíhuatl*

Un día el rey oye hablar a su hija (hears his daughter say) que si Popocatépetl no vuelve, ella va a suicidarse. El rey se arrepiente de haber mandado (repents of having sent) a Popocatépetl a una muerte segura. El rey teme (fears) que su hija se muere (die). Decidió mandar a dos mensajeros en busca del guerrero valiente. Los mensajeros traen la noticia que Popocatépetl murió en una batalla. Al oír la mala noticia, la pobre Ixtaccíhuatl se cubre (covers herself) del manto blanco de la novia (with the white wedding dress) y desaparece para siempre.

Afortunadamente, Popocatépetl no murió. Está herido (wounded), pero recobra (recovers) la salud bien pronto. Al volver y no encontrar a su querida (beloved) Ixtaccíhuatl, decide ir en busca de ella. Recorre pueblos, bosques y valles, pero todo es en vano (vain). No la encuentra en ninguna parte (nowhere).

Por fin Popocatépetl habla con un indio que le dice que vio una forma de mujer recostada (lying down) en la cumbre (top) de la montaña. El guerrero escala la montaña y allí encuentra a su amada Ixtaccíhuatl, para siempre dormida y cubierta de su manto blanco.

Popocatépetl, desesperado y contento a la vez de haberla encontrado (of having found her), se sienta a su lado para quedarse (stay) siempre con ella. Las blancas nieves (snows) cubren eternamente sus cuerpos petrificados. Así dormían muchos años, pero se dice que en los tiempos modernos Popocatépetl va a estar en erupción.

 **Answer the questions for *La Leyenda*. Use complete sentences.**

3.2
a. ¿Dónde se encuentran los dos volcanes famosos? _____

b. ¿Quién es Ixtaccíhuatl? _____

c. ¿Quién es Popcatépetl? _____

d. ¿Por qué se va a la guerra? _____

e. ¿Qué hace Ixtaccíhuatl cuando oye la noticia de Popocatépetl? _____

f. Al encontrar a su novia, ¿cómo reacciona (react) Popocatépetl? _____

GEOGRAPHY OF MEXICO

 Use the information given in the map above to help you accurately label the landforms of the blank one on the next page. Before beginning, label the Sierra Madre mountain ranges. Notice there are TWO Sierra Madre ranges.

3.3  a. Between the Sierra Madre mountain ranges is a flatland called La Junta Plateau. Label that plateau on your map.

b. Locate the city of Veracruz on the original map. Veracruz is a popular port city located on the Gulf of Mexico. Label Veracruz and the gulf on your map.

c. There are few navigable rivers in Mexico. The best known Mexican river forms the border between Mexico and Texas. Label the Río Bravo (Río Grande) on your map.

d. The state of Texas is directly northeast of Mexico. Label Texas on your map.

e. The long finger-shaped peninsula on the western edge of Mexico is called Baja California. Locate and label that peninsula.

f. The Baja California peninsula forms a gulf of water between it and the rest of Mexico. Label that gulf the Gulf of California.

g. Because we know that Texas is located directly northeast of Mexico, we know that the Río Grande separates Mexico from the United States at the Texan border. Label the United States on your map.

h. Officially designated a part of North America, Mexico connects to Central America, specifically Guatemala and Belize, at its Yucatán Peninsula. Label that peninsula on your map.

i. The Tropic of Cancer, like the equator, is an imaginary line that delineates the northernmost point at which the sun is directly overhead daily. Draw a horizontal line just slightly north of Mexico City to mark the Tropic of Cancer on your map.

j. Texas lies to the northeast of Mexico. What other three U.S. states lie along the Mexican border? Find out by looking in an atlas or on the Internet and label these other three states.

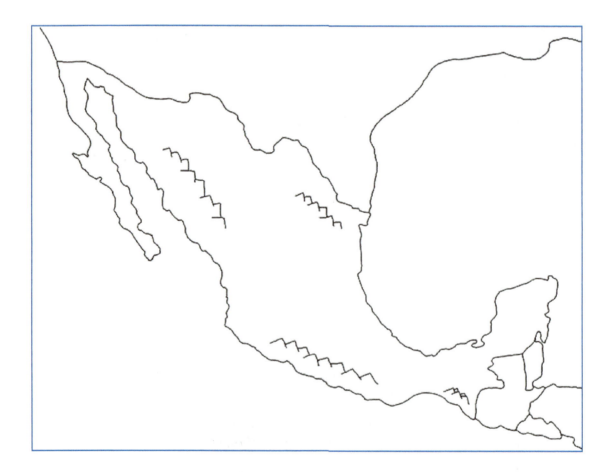

Adult check _____
                        Initial                        Date

As you have learned, the topography of Mexico is varied. There are mountainous regions, flatland plateaus, coastal regions, and coastal lowlands.

 **Using the information from Exercise 3.3, we will determine the different climatic regions of Mexico. You will need colored pencils, crayons, etc. for this activity.**

3.4   a. The lowest point of Mexico is located on the Yucatán Peninsula, which reaches elevations of 3,000 feet. This region is called *La Tierra Caliente* (the warm land) by the Mexican people. Because it is south of the Tropic of Cancer and closest to the equator, temperatures here can reach well over 100° F daily. Shade in this region using the color red. Also label the region as *La Tierra Caliente*.

   b. As you move further north and into the mountains, the climate cools. The central region of Mexico is called *La Tierra Templada* (the temperate or mild land). This region reaches altitudes of about 6,000 feet, and the temperatures average around 70° F. Mexico City, the capital, is located in this region. Shade in this region using the color green. Also label the region *La Tierra Templada*.

   c. The final climatic zone is named *La Tierra Fría* (the cold land). It is found in the highest elevations of the Sierra Madre mountains, at about 9,000 feet. Naturally, at these elevations, the temperatures are somewhat lower, peaking around 60° F. daily. Use the color blue to shade in this region of Mexico and label it *La Tierra Fría*.

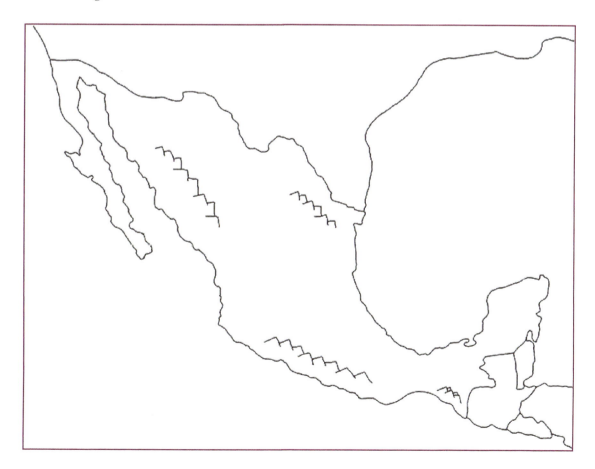

 Adult check _____
                                    Initial              Date

**Fill in the blanks in order to complete the sentences.**

3.5  a. Two important port cities in Mexico are _____.

b. The body of water between Baja California and the rest of Mexico is the _____.

c. The coolest region of Mexico is found in the northern ranges of the _____ mountains.

d. Mexico links to Central America at _____ and _____.

e. The _____ forms the border between Mexico and Texas.

f. The _____ (body of water) is to the west of Mexico.

g. La Junta Plateau is a _____ located between the two ranges of the Sierra Madre mountains.

h. Mexico forms the southernmost region of the continent of _____.

i. What four U.S. states border Mexico? _____.

j. _____ is an imaginary line which cuts through Mexico and designates the northernmost point on the Earth that receives maximum sun exposure daily.

 **Next to each number on the map, write the name of the city or geographical feature indicated.**

3.6  Gulf of Mexico          Acapulco
United States           Sierra Madre mountain ranges
Veracruz                Pacific Ocean
Guatemala               Río Bravo
Mexico City             La Junta Plateau

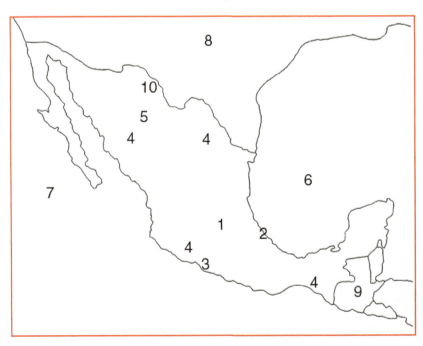

 Adult check _____
            Initial                    Date

64

# GRAMMAR LESSONS—*POR* and *PARA*

*Por* and *para* are two prepositions that can be translated as *for*. However, there are specific rules determining in what kinds of situations they may be used. Review the chart below.

| **por** (for, to, by, along, through, via, by way of, because of, in place of) | **para** (for, in order to, to) |
|---|---|
| 1. **cause** <br> Me puse triste por las noticias. <br> (I was saddened by the news.) | 1. **purpose** <br> Te llamé para decirte las noticias. <br> (I called you in order to tell you the news.) |
| 2. **means, manner** <br> Viajas por avión. <br> (You travel by airplane.) <br> Andamos por la calle Roble. <br> (We walk along [by] Oak Street.) | 2. **destination** <br> Viajan para Veracruz. <br> (They're traveling to Veracruz.) |
| 3. **duration of time** <br> Hago ejercicio por una hora. <br> (I exercise for an hour.) | 3. **deadline** <br> La tarea es para mañana. <br> (The homework is for tomorrow.) |
| 4. **percentage** <br> El descuento es cincuenta por ciento. <br> (The discount is 50%.) | 4. **goal** <br> Como bien para la salud. <br> (I eat well for my health.) |
| 5. **agent** <br> El libro fue escrito por Lupe. <br> (The book was written by Lupe.) | 5. **comparison** <br> Para ser joven, es muy madura. <br> (For a young person, she is very mature.) |
| 6. **exchange** <br> Pago siete dólares por la muñeca. <br> (I pay seven dollars for the doll.) <br> ¿Vas a darme un sombrero por la chaqueta? <br> (Are you going to give me a hat for the jacket?) | |

Read each sentence carefully to determine its meaning. Then decide why each preposition (*por* or *para*) was used. Write that reason in the blank. Use the chart above as a reference. The first one has been done for you.

3.7  a. _____*means, manner*_____ Viajamos por la avenida Real.

b. _____ Viajamos por muchas horas.

c. _____ Viajamos para Málaga.

d. _____ La cuenta (The bill) es para cincuenta personas.

e. _____ El descuento es veinte por ciento.

f. _____ La cuenta es para la cena.

g. _____ No trabajé por tres semanas.

h. _____ No trabajo solamente para recibir dinero.

i. _____ Por razones personales, no trabajo allí.

j. _____ Caminamos por el parque.

k. _____ Caminamos para ir al parque.

l. _____ El regalo es para ti.

m. _____ El regalo fue hecho por ti.

n. _____ Pagaste treinta pesetas por el regalo.

▶ **Fill in the blank with *por* or *para*.**

3.8  a. Mi mamá hace un vestido _____ mi hermana.

b. Jorge usa las herramientas de su papá _____ reparar su coche.

c. Sesenta _____ ciento de la gente viene al concierto.

d. Intento llegar a Colorado _____ el trece de mayo.

e. Carmencita dio una gallina gorda _____ la vaca.

f. Este abrigo es _____ el tiempo frío.

g. Puedes viajar _____ esta calle _____ llegar al supermercado.

h. ¿_____ qué no me hablas?

i. Trabajé en el jardín _____ una hora.

j. El árbol fue golpeado _____ un automóvil.

▶ **Translate the italicized phrases to Spanish, choosing *por* or *para*.**

3.9  a. Él está lavando el coche (*because of his father*). _____

b. Él está lavando el coche (*for his father*). _____

c. La silla fue hecha (*by that man*). _____

d. La silla fue hecha (*for that man*). _____

e. Pasamos (*by the store*). _____

f. Necesito el dinero (*by Saturday*). _____

g. Él necesita el coche (*for three days*). _____

h. Trabajo mucho (*in order to earn money*). _____

*PERO, SINO,* and *SINO QUE*

All three of these conjunctions are usually translated as *but*. Here are the rules for using each in a sentence. *Sino* (but, rather, instead) follows a negative clause, and precedes a contrasting phrase in which an alternative or opposite is suggested, and in which there is **no** conjugated verb. *Sino que* (but, rather, instead) follows a negative clause, and precedes a contrasting clause in which an alternative or opposite is suggested, but in which there **is** a conjugated verb. Both *sino* and *sino que* precede only affirmative clauses. *Pero* (but) is used in all other instances and can be used before an affirmative or a negative clause.

> **Examples:** **Elena nunca va al cine,** *sino* **al gimnasio.**
> Elena never goes to the movies, instead [she goes] to the gym.
>
> **No leí el libro,** *sino que* **fui a ver la película.**
> I didn't read the book, but I went to see the movie.
>
> **Tenía hambre,** *pero* **no comí mucho.**
> I was hungry, but I didn't eat much.

 Circle the correct conjunction.

3.10   a.   El perro no me mordió, ( pero / sino / sino que ) me siguió unas dos cuadras (blocks).

      b.   No queria helado, ( pero / sino / sino que ) postre.

      c.   Nos gustaría ir, ( pero / sino / sino que ) hacía mal tiempo.

      d.   No fui de compras, ( pero / sino / sino que ) fui a la playa.

      e.   El equipo hizo gran esfuerzo, ( pero / sino / sino que ) perdió el partido.

      f.   Tenían que estudiar para el examen, ( pero / sino / sino que ) jugaron a las damas.

      g.   Necesité un bolígrafo nuevo, ( pero / sino / sino que ) no compré ninguno.

      h.   No fui directamente a casa, ( pero / sino / sino que ) al café.

      i.   Generalmente Jorge no toma el autobús, ( pero / sino / sino que ) va a la escuela a pie.

      j.   El rey no distribuyó las riquezas a los soldados, ( pero / sino / sino que ) a su familia.

 Fill in the blanks with the appropriate preposition. Use *pero, sino,* or *sino que.*

3.11   a.   En el restaurante, pedí la leche, _____ recibí un refresco.

      b.   Estaba enojada con Verónica, _____ la perdonó (forgive).

      c.   No estoy de acuerdo contigo, _____ tengo otra opinión.

      d.   Fui a tu casa, _____ no estabas allí.

      e.   Siempre hago la tarea, _____ no me gusta.

      f.   Generalmente no compro faldas, _____ vestidos.

      g.   La Sra. Quiroga no planta rosas este año, _____ compró claveles (carnations).

h. No ando por la calle, _____ en la acera.

i. No me gusta nadar, _____ fui a la piscina con ella.

j. No escogí esa clase, _____ la clase de ciencias.

## *PORQUE* and *A CAUSA DE*

*Por que* translates as *because*, whereas *a causa de* translates as *because of*.
Review the following sample sentences.

**La anciana está triste porque su marido se murió.**
The old lady is sad because her husband died.

**La anciana está triste a causa de la muerte de su marido.**
The old lady is sad because of the death of her husband.

3.12 Which word or phrase is followed by a verb phrase? _____

3.13 Which word or phrase is followed by a noun phrase? _____

Therein lies the difference between the two: *a causa de* is directly followed only by a noun phrase; *porque* is directly followed only by a verb phrase.

### Circle the correct word or phrase.

3.14 a. No tenemos un picnic ( porque / a causa de ) llueve.

b. No tenemos un picnic (porque / a causa de ) la lluvia.

c. Solamente tres personas vinieron al espectáculo [the show] ( porque / a causa de ) no fue muy interesante.

d. Mi amigo no puede ir al cine el sábado ( porque / a causa de) la mala nota que recibió en el examen.

e. ( Porque / A causa de ) ti, Conchita está irritada de mí.

f. Está cansado ( porque / a causa de) miró la televisión hasta muy tarde anoche.

g. Alonso reparó el automóvil ( porque / a causa de) no funcionaba.

h. ¿Está Ud. triste ( porque / a causa de) eso (that)?

i. No tengo el dinero ( porque / a causa de) lo gasté.

j. ( Porque / A causa de) la tormenta de nieve, no hay clases hoy.

### Answer the questions in complete Spanish sentences. Correctly use *porque* or *a causa de* in every response. Note the cues in parentheses.

3.15 a. ¿Por qué no hay electricidad? (la tormenta)

_____

b. ¿Por qué pintas retratos? (me gusta)

_____

c. ¿Por qué estás irritada? (no puedo encontrar mis llaves)

_____

d. ¿Por qué necesita Beatriz ayuda? (está enferma)
_____

e. ¿Por qué está Ud. nervioso(a)? (un examen a las tres)
_____

f. ¿Por qué no tiene Manolo trabajo? (la economía mala)
_____

g. ¿Por qué no se puede nadar aquí? (los tiburones [the sharks])
_____

h. ¿Por qué no se puede nadar aquí? (hay tiburones)
_____

i. ¿Por qué no vas al parque con nosotros? (tengo que limpiar la casa)
_____

j. ¿Por qué dijiste eso? (estaba enojado)
_____

> Decide which of the words or phrases we have studied completes the meaning of each sentence. Choose from the options in the box below. Some may be used more than once.

| a causa de | pero | porque | sino que |
| para | por | sino | |

3.16 a. El señor Mariposa pinta la casa _____ ayudar a su madre.

b. _____ unas razones personales, no quiero asistir.

c. Querías ir, _____ estabas ocupada.

d. Leo a mi hermanita _____ ella no sabe leer.

e. No podemos ver esa película _____ tenemos trece años.

f. Escuchaste este disco compacto _____ una hora.

g. No montó en bicicleta _____ a caballo.

h. _____ una señora rica, no se viste bien.

i. Mi tío siempre manda (sends) paquetes a España _____ avión.

j. Preparo la lección _____ mañana.

k. Corto el césped, _____ prefiero ir al cine.

l. _____ su conducta (behavior) malo, no puede asistir a la fiesta.

m. Ud. necesita pasar _____ el banco rumbo a (on the way to) la biblioteca.

n. La carta es _____ mi buena amiga en Chile.

o. Ayudo a otros _____ me hace sentirme bien.

p. Carolina estudia _____ ser científica.

q. No voy a la universidad, _____ voy a trabajar con mi papá.

r. Me gustaría una bicicleta nueva, _____ no tengo suficiente dinero.

s. Oigo la música _____ la ventana.

t. Las artesanías (crafts) son hechas _____ esa señora española.

▶ Read the questions. Use the information from each question to determine which preposition, *por* or *para*, will accurately complete the sentence.

3.17
a. ¿A quién das el libro?

El libro es _____ él.

b. ¿Cuando entregamos (hand in) la tarea?

La tarea es _____ el viernes.

c. ¿Cómo vas al cine?

Voy al cine _____ la avenida Roca.

d. ¿Por cuánto tiempo hablas?

Hablo _____ veinte minutos.

e. ¿Qué recibiste en el examen?

Recibí ochenta _____ ciento.

f. ¿Por qué estudian ellos?

Estudian _____ asistir a la universidad.

g. ¿Adónde van Uds. mañana?

Vamos _____ Madrid.

h. ¿Dónde entra?

Entra _____ esta puerta.

i. ¿Por qué no trabaja Marcos hoy?

Hoy Carolina trabaja _____ Marcos.

j. ¿A quién dan Uds. el suéter?

El suéter es _____ Chamo.

# Speaking

 With a partner, translate the dialogue in the spaces provided on the next page. Perform the dialogue.

3.18              **ESTUDIANTE 1**                              **ESTUDIANTE 2**

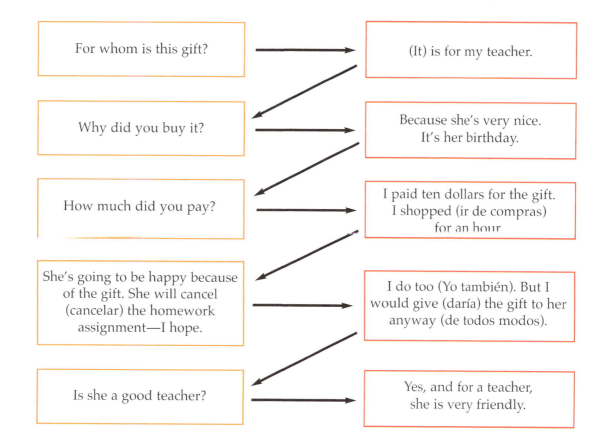

| ESTUDIANTE 1 | ESTUDIANTE 2 |
|---|---|
| For whom is this gift? | (It) is for my teacher. |
| Why did you buy it? | Because she's very nice. It's her birthday. |
| How much did you pay? | I paid ten dollars for the gift. I shopped (ir de compras) for an hour. |
| She's going to be happy because of the gift. She will cancel (cancelar) the homework assignment—I hope. | I do too (Yo también). But I would give (daría) the gift to her anyway (de todos modos). |
| Is she a good teacher? | Yes, and for a teacher, she is very friendly. |

a. _____   _____
   _____   _____

b. _____   _____
   _____   _____

c. _____   _____
   _____   _____

d. _____   _____
   _____   _____

e. _____   _____
   _____   _____

✓ Adult check _____
                   Initial                    Date

# LISTENING EXERCISES III

**Exercise 1.** Circle the verb phrase that correctly answers the question. [CD–B, Track 24]

a. Hubo un accidente.     Había un accidente.

b. Escribí una carta.     Escribía una carta.

c. Hablé con Quique.     Hablaba con Quique.

d. Fueron a las once y media.     Eran las once y media.

e. Sí, fui a la escuela en carro ayer.     Sí, iba a la escuela en carro ayer.

f. Vivió sola.     Vivía sola.

g. No, no la leí.     No, no la leía.

h. Practiqué una pieza de música.     Practicaba una pieza de música.

i. Fui a casa.     Iba a casa.

j. No, no llevé una chaqueta nueva ayer.     No, no llevaba una chaqueta nueva ayer.

**Exercise 2.** A teacher is asking students about their behavior. Circle the appropriate verb form and tense for each response. [CD–B, Track 25]

a. Mientras ( caminé / caminaba ) a la clase, me ( paré / paraba ) para charlar con un amigo.

b. ( Perdí / Perdía ) el lápiz mientras ( fui / iba ) a la cafetería.

c. No sé, ( tuve / tenía ) el cuaderno cuando ( salí / salía ) para la escuela esta mañana.

d. ( Traté / Trataba ) de prestar atención cuando Alonso me ( interrumpió / interrumpía ).

e. Mi lápiz se ( deshizo / deshacía ) mientras ( copié / copiaba ) los apuntes.

f. No ( pude / podía ) traer mi libro, porque lo ( dejé / dejaba ) en el coche de Juan.

g. Lo ( escuché / escuchaba ), pero algo interesante ( pasó / pasaba ) afuera.

h. Mientras ( escribí / escribía ) la tarea, alguien ( robó / robaba ) mi papel.

i. ( Estudié / Estudiaba ) cuando, de repente, ( oí / oía) un ruido extraño.

j. ( Levanté / Levantaba ) la mano porque no ( entendí / entendía ) bien la lección.

Review the material in this section in preparation for the Self Test. This Self Test will check your mastery of this particular section as well as your knowledge of the previous sections.

# SELF TEST 3A

3A.01 Circle the term that does not belong with the others. (1 pt. each)

   a.   la ducha / el sofá / la lámpara / el sillón

   b.   el plato / el fregadero / el cuchillo / la cuchara

   c.   el armario / la cama / la cómoda / la manguera

   d.   el fregadero / el refrigerador / la bañera / el gabinete

   e.   el sacapuntas / las plantas / la flor / la manguera

   f.   la cinta adhesiva / la toalla / el libro / el escritorio

   g.   el tenedor / el mantel / la mochila / los vasos

   h.   la tiza / la olla / la bandera / el bolígrafo / el mapa

   i.   la videograbadora / el tostador / el lavaplatos / la sartén

   j.   el ropero / la cama / el espejo / el cortacésped

3A.02 Another student is trying to memorize some Spanish vocabulary. Correct each question by properly identifying each item pictured. Use complete Spanish sentences. (2 pts. each)

a.   ¿Es una papelera?
_____
_____

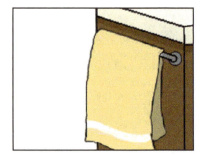

c.   ¿Es una cortina?
_____
_____

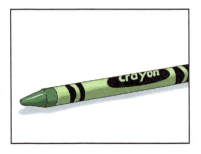

b.   ¿Es un bolígrafo?
_____
_____

d.   ¿Es un fregadero?
_____
_____

e.  ¿Es un tenedor?

_____

_____

h.  ¿Es una sartén?

_____

_____

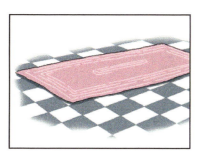

f.  ¿Es un armario?

_____

_____

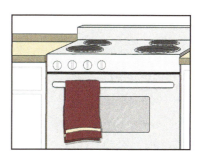

i.  ¿Es una bañera?

_____

_____

g.  ¿Es un retrato?

_____

_____

j.  ¿Es un escritorio?

_____

_____

3A.03 **Fill in the blanks with a vocabulary term or phrase.** (2 pts. each)

a. Para bañarme, necesito _____ .

b. Para cocinar una hamburguesa, necesito _____ .

c. Para comer, necesito sentarme en _____ .

d. Para dormir, necesito acostarme en _____ .

e. Para plantar flores, voy al _____ .

75

f. Para escribir en la pizarra, necesito _____ .

g. Necesito _____ para preparar los espaguetis.

h. Necesito usar _____ para ducharme.

i. Necesito _____ para beber.

j. Necesito estacionar el coche en _____ .

**Review the past tenses. Write the agreeing *preterit* forms of the given infinitives.** (1 pt. each)

3A.04
a. apagar (nosotros) _____
b. preferir (tú) _____
c. huir (ella) _____
d. cubrir (los padres) _____
e. comenzar (yo) _____
f. encontrar (Uds.) _____
g. estar (tú y yo) _____
h. ser (yo) _____
i. ver (Gregorio) _____
j. dormirse (la bebé) _____
k. vivir (Emilio y su esposa) _____
l. decir (Ud.) _____
m. ir (Carolina) _____
n. divertirse (la profesora) _____
o. sacar (yo) _____
p. vender (el señor) _____
q. moverse (yo) _____
r. querer (Ud. y ella) _____
s. poner (tú) _____
t. traer (los amigos) _____

**Identify the subject of each preterit verb form given. Use a subject pronoun.** (1 pt. each)

3A.05
a. _____ dijimos
b. _____ preferiste
c. _____ fui
d. _____ durmieron
e. _____ jugaron
f. _____ bailó
g. _____ fue
h. _____ vi
i. _____ comimos
j. _____ pudieron
k. _____ trajiste
l. _____ estuvo
m. _____ anduve
n. _____ diste
o. _____ dormimos

3A.06 **Change the given *yo* forms of the imperfect tense to the *ellos* form.** (1 pt. each)

a. veía _____
b. trabajaba _____
c. era _____
d. cantaba _____
e. vivía _____
f. mostraba _____
g. ponía _____
h. creía _____
i. iba _____
j. tenía _____

3A.07 **Change these preterit tense forms to the corresponding imperfect forms.** (1 pt. each)

a. quiso _____
b. comieron _____
c. fue _____
d. creyeron _____
e. anduve _____
f. pagué _____
g. trabajaste _____
h. encontró _____
i. dormimos _____
j. hablé _____
k. di _____
l. pusieron _____
m. viste _____
n. vendiste _____
o. escribió _____

3A.08 **Complete the translations.** (1 pt. each)

a. ibas _____
b. comíamos _____
c. (ella) llamaba _____
d. (yo) vendía _____
e. veían _____
f. you (formal) were speaking _____
g. we were going _____
h. he was _____
i. you (informal) were giving _____
j. they were ordering _____

96 / 120

Score _____
Adult check _____
                Initial        Date

# SELF TEST 3B

**3B.01** Use the list of infinitives below and the preterit and imperfect tenses to complete the translations: *poder, querer, saber, tener.* (1 pt. each)

a. *I found out* la respuesta correctamente. _____

b. Mamá necesitaba la ayuda, pero *I refused*. _____

c. *She used to have* un perrito pequeño. _____

d. *We could not* oír muy bien. _____

e. Chela *had* un accidente. _____

f. Cuando eras joven, tú *did not know* nadar bien. _____

g. Ud. *succeeded* decirle la verdad a ella. _____

h. Ellos *did not want* asistir a la reunión. _____

i. Los sábados *we had* que ayudar a limpiar el garaje. _____

**3B.02** Read the following sentences to determine the overall meaning. Then, fill in the blanks with a correct past tense form of the given infinitive. (1 pt. each)

a. Muchas veces mi familia _____ el parque después de ir a la iglesia. (visitar)

b. El jueves pasado Elena _____ una foto del monumento. (sacar)

c. ¿Quién _____ contigo en esos días? (ir)

d. Recuerdo que ella siempre _____ la tarea con un lápiz. (escribir)

e. (Tú) nunca _____ comprender esos asuntos. (poder)

f. Ellos solamente la _____ tres veces. (ver)

g. Por la primera vez yo le _____ a ella que la amaba. (decir)

h. Muchos niños _____ en esa fábrica en el pasado. (trabajar)

i. Anita _____ al metro a las nueve en punto. (subir)

j. Una vez por semana mi abuela _____ el plato principal. (cocinar)

**3B.03** Read the following sentences carefully. Check for clue words in order to help you make your choice. Circle the tense that appropriately completes the sentences. (1 pt. each)

a. Mientras José ( leía / leyó ), yo apagué la televisión.

b. Ella no ( prestaba / prestó ) atención cuando la niña se cayó al suelo.

c. Cuando el fuego empezó, yo ( estaba / estuve ) en el sótano.

d. Tú escribiste el cheque mientras yo ( hacía / hice ) cola.

e. A las seis en punto me ( levantaba / levanté ) esa mañana.

f. Durante el partido en que ( participábamos / participamos ), empezó a llover.

g. (Había / Hubo) una tormenta fuerte cuando yo llegué a la escuela.

h. Estudiabas cuando Papá ( llegaba / llegó ) a casa.

i. ( Cortaba / Corté ) el césped cuando me llamaste.

j. Cuando el examen ( comenzaba / comenzó ), Hugo estaba nervioso.

3B.04 **The following passages are told in the present tense. Rewrite each in the past, using the preterit and imperfect tenses correctly.** (2 pts. each)

a. Son las dos de la tarde cuando oigo el trueno. Terminamos el picnic muy de prisa. Subimos al coche y vamos a casa.

b. Al aprender que Consuelo no tiene suficiente dinero, abres la billetera. Le das a ella unos diez dólares para pagar la cuenta. Ella te da muchas gracias, porque está muy preocupada.

c. Mi hermano se ducha. Papá se afeita. El bebé todavía duerme. De repente hay un ruido tremendo. Viene de la cocina. Mamá se cae y rompe el jarro (pitcher) de jugo.

d. Hace buen tiempo. La temperatura es setenta y cinco grados. Ud. lleva la ropa ligera y las sandalias favoritas. Hay música popular en la radio. Va a la playa en su coche. Un conejo (rabbit) corre tras la carreterra. Trata de evitarlo. Se choca con un árbol. Afortunadamente, no se hace daño (you're not hurt).

e. El paquete llega a las tres y cuarto. El cartero lleva el paquete a la puerta. Le doy gracias al cartero. No sé lo que puede ser. Es muy grande. Pero tengo que esperar. El paquete es para Chela.

3B.05  **The story on the following page is told in the present tense. Rewrite this story in the past correctly using the preterit and imperfect tenses.** (25 pts., 1 for each verb form that changes)

Cuando recibimos la noticia del compromiso de mi hermano, mi madre quiere dar una fiesta grande. Hay mucho que preparar. A mamá siempre le gustan las fiestas grandísimas. Pasamos tres días preparando la lista de invitados. Escribimos cincuenta invitaciones. Invitamos a todos los parientes. El menú es difícil de preparar. No queremos gastar demasiado dinero, pero sabemos que una buena comida es importante. Mamá divide los quehaceres: yo tengo que limpiar la casa. Mi hermano trabaja con mi papá en el jardín y corta el césped. Mamá, por supuesto, cocina todo. Ella va al supermercado todos los días durante las dos últimas semanas. En la fiesta. tenemos mucho éxito (success). Hay música; no sé que mi abuelo puede cantar tan bien. La comida es excelente; nadie tiene hambre después de la comida. Mi hermano y su prometida se sienten muy honrados. Nosotros estamos cansados después.

3B.06  **Read the following passage about Marta's afternoon and complete the activities that come afterward.**

Era el siete de julio. Hacía mucho calor. El parque estaba cerca de nuestra casa, y por eso decidí ir allí a pie. Quería ir a nadar en la piscina grande. Hice la mochila rápidamente: puse el traje de baño, una toalla grande y algo de comer en la mochila. Salí de la casa a la una y media.

Mientras iba al parque, unos amigos me pasaron. Ellos iban al parque también —yo sabía eso a causa de los trajes de baño que llevaban— pero viajaban en bicicleta. Me saludaron. Estaba contenta de encontrarlos allí.

Unos veinte minutos más tarde, llegué a la piscina. De repente recordé que tenía que pagar para nadar en la piscina. ¡Ay de mí! Puesto que estaba de prisa (Because I was in a hurry) cuando hice la mochila, me olvidé de traer dinero conmigo. Podía ver a mis amigos que estaban nadando. Se divertían mucho. Pero no podía hacer nada. Con mucha tristeza volví a casa. Caminé otra vez por veinte minutos a casa sin ningún amigo. Tenía más calor que antes. Cuando entré en la casa, miré el reloj: eran las dos y cuarto. Estaba muy desilusionada.

Entonces, tuve una buena idea. Saqué el sandwich y un refresco de la mochila. Encontré mi revista favorita. Llevé todo al baño. Llené la bañera con agua fresca. Me quedé allí, en la bañera, por unas dos horas, leyendo y comiendo lentamente. Esas dos horas fueron tranquilas y muy agradables. Lo mejor fue que no tuve que volver a casa después, porque ya estaba aquí.

**Choose the correct answer.** (1 pt. each)

1. Marta _____ al parque porque estaba cerca.
   a. condujo      b. voló      c. fue a pie

2. Marta pasó _____ minutos de ida y vuelta.
   a. sesenta      b. cuarenta y cinco      c. treinta

3. Rumbo a (on the way to) la piscina, se encontró con _____ .
   a. sus padres      b. la policía      c. unos amigos

4. Ella estaba muy _____ al llegar a casa.
   a. sorprendida      b. triste      c. cómoda

5. Solucionó su problema quedándose en _____ .
   a. la bañera      b. la playa      c. la cocina

3B.07 **Answer the questions in complete Spanish sentences.** (1 pt. each)

a. ¿Cuál era la fecha de este cuento? _____

b. ¿Qué tiempo hacía? _____

c. ¿En qué puso las cosas para la piscina? _____

d. ¿Cuánto tiempo pasó caminando al parque? _____

e. ¿Tenía dinero para nadar? _____

f. ¿Qué hora era cuando llegó a casa? _____

g. ¿Cómo se sentía al llegar a casa? _____

h. ¿Qué decidió hacer en casa? _____

i. ¿Qué llevó al baño? _____

j. ¿Describe el baño largo (long). _____

3B.08 **Fill in each blank with the correct preposition. It is important to read the entire sentence first, and define the overall meaning of the sentence before choosing either *por* or *para*.** (1 pt. each)

a. Cambias mis dólares _____ unas pesetas.

b. Compré el vestido _____ veinticinco dólares.

c. _____ jugador de básquetbol, no es muy alto.

d. Necesito crayones _____ hacer un cartel.

e. Salimos _____ Madrid mañana.

f. El libro fue escrito (written) _____ el Sr. Ramirez.

g. Verónica está enferma. Trabajo _____ ella hoy.

h. ¿ _____ quién son las flores?

i. Prefieren mandar los muebles _____ tren.

j. Leyó esta novela _____ una hora.

k. Normalmente recibes noventa y cinco _____ ciento en los exámenes.

l. Traen la tarea _____ viernes.

m. Uso un mantel _____ cubrir la mesa.

n. Necesitan el coche _____ el sábado.

o. Yo sé que mi amigo está aquí _____ el sonido (sound) de su voz.

3B.09  *A causa de* or *porque*? **Fill in the blank with the correct word or phrase.** (1 pt. each)

a. _____ de la lluvia, no voy a montar en bicicleta ahora.

b. No asisto a la fiesta _____ tengo demasiada tarea.

c. Cristina está en cama _____ la gripe.

d. Quiero mi chaqueta _____ hace frío.

e. Elena tiene muchos amigos _____ es muy simpática.

f. Hay mucho ruido (noise) _____ la muchedumbre (crowd).

g. ¿Por qué no como manzanas? _____ no me gustan.

h. No puedo trabajar más _____ estoy muy cansada.

i. Tiene un yeso (cast) _____ un accidente.

j. La bandera cayó a la tierra _____ la tormenta.

3B.010  **Choose the word or phrase that appropriately completes the meaning of each phrase.** (1 pt. each)

a. Intentaba ir ayer, ( pero / sino / sino que ) no podía conducir porque el coche no funcionaba.

b. Yo quiero el helado, ( pero / sino / sino que ) mi novia quiere el pastel.

c. No tomaste el tren, ( pero / sino / sino que ) el autobús.

d. A Gloria no le gustan las malas notas, ( pero / sino / sino que ) no hace nunca la tarea.

e. Nunca comieron la carne, ( pero / sino / sino que ) las frutas y las verduras frescas.

f. El autobús no se paró aquí, ( pero / sino / sino que ) normalmente se para en la próxima esquina.

g. Consuelo no sale con los amigos los jueves, ( pero / sino / sino que ) se queda en casa.

h. No escucho las noticias por la radio, ( pero / sino / sino que ) leo el periódico.

i. Juan Carlos trabaja mucho, ( pero / sino / sino que ) no gana mucho dinero.

j. Su equipo no ganó el campeonato, ( pero / sino / sino que ) el nuestro equipo lo ganó.

91 / 114

Score _____

Adult check _____
Initial    Date

# IV. REVIEW OF UNITS ONE AND TWO

Below are a series of exercises reviewing the two previous Units. It will be helpful to go through these Units to assist in answering these questions. Especially review the vocabulary words from both Units.

 The following verbs are given in the *tú* forms of the simple present tense. Change those forms to the *nosotros* and *ellos/ellas* forms of the simple present tense.

|     |     |          | nosotros | ellos/ellas |
|-----|-----|----------|----------|-------------|
| 4.1 | a.  | quieres  |          |             |
|     | b.  | vas      |          |             |
|     | c.  | sigues   |          |             |
|     | d.  | juegas   |          |             |
|     | e.  | entiendes|          |             |
|     | f.  | piensas  |          |             |
|     | g.  | eres     |          |             |
|     | h.  | dices    |          |             |
|     | i.  | vuelves  |          |             |
|     | j.  | tienes   |          |             |
|     | k.  | puedes   |          |             |
|     | l.  | vienes   |          |             |
|     | m.  | oyes     |          |             |
|     | n.  | prefieres|          |             |
|     | o.  | encuentras|         |             |

Fill in each blank with the missing present tense verb form for each conjugation.

4.2  a.  _____ , sales, sale, _____ , salís, salen

 b.  estudio, _____ , _____ , estudiamos, estudiáis, estudian

 c.  escribo, escribes, _____ , escribimos, escribís, _____

 d.  _____ , comprendes, comprende, comprendemos, comprendéis, _____

 e.  _____ , _____ , lee, _____ , leéis, leen

 f.  _____ , vienes, _____ , _____ , venís, vienen

 g.  _____ , pides, pide, _____ , pedís, piden

 h.  estoy, _____ , está, estamos, estáis, _____

 i.  _____ , traes, _____ , traemos, traéis, traen

 j.  _____ , _____ , es, _____ , sois, _____

**Complete each item by translating the present progressive verb form into English.**

4.3
a. juegas — you play — estás jugando — _____
b. estudio — I study — estoy estudiando — _____
c. ponen — they put — están poniendo — _____
d. limpia — she cleans — está limpiando — _____
e. lees — you read — estás leyendo — _____
f. me visto — I get dressed — me estoy vistiendo — _____
g. quieren — they want — están queriendo — _____
h. sale — he goes out — está saliendo — _____
i. cantamos — we sing — estamos cantando — _____
j. duermes — you sleep — estás durmiendo — _____

**Change the simple present tense forms to the corresponding forms of the present progressive.**

4.4
a. trabajas _____
b. son _____
c. comemos _____
d. se divierte _____
e. digo _____
f. muestra _____
g. andan _____
h. me caigo _____
i. vivimos _____
j. escriben _____
k. aprendes _____
l. vengo _____
m. duermes _____
n. damos _____
o. creen _____

**Fill in each blank with an agreeing subject pronoun for the preterit verb form.**

4.5
a. _____ fuimos
b. _____ pasó
c. _____ dije
d. _____ estuvieron
e. _____ viviste
f. _____ trajo
g. _____ llegué
h. _____ tuvimos
i. _____ vio

j. _____ leímos

k. _____ estudiaste

l. _____ pidieron

m. _____ abrí

n. _____ dormiste

o. _____ se murieron

**Circle the agreeing preterit form in order to complete each phrase.**

4.6
a. Mi amigo ( nadó / nadé ) el sábado.

b. ¿Quiénes ( fuimos / fueron ) ellos?

c. ¿Por qué ( traje / trajo ) Elena ese sombrero?

d. Una vez yo ( fue / fui ) al circo con mi primo.

e. Tu hermano mayor ( escribió / escribiste ) la tarea para la clase de literatura.

f. A mi familia le ( gustó / gustaron ) la película.

g. Yo no ( supo / supe ) la respuesta correcta hasta que hablé con el profesor.

h. Los chicos ( llamamos / llamaron ) a María Gutiérrez.

i. El avión ( voló / volaron ) a una altura muy alta.

j. Carolina y Ud. ( anduvimos / anduvieron ) unas dos millas.

**Change the *nosotros* forms of the preterit to the *yo* and *tú* forms of the preterit tense.**

|   |   | yo | tú |
|---|---|---|---|
| 4.7 a. | tuvimos | | |
| b. | quisimos | | |
| c. | hablamos | | |
| d. | nos divertimos | | |
| e. | fuimos | | |
| f. | subimos | | |
| g. | jugamos | | |
| h. | perdimos | | |
| i. | pusimos | | |
| j. | supimos | | |
| k. | leímos | | |
| l. | mantuvimos | | |
| m. | produjimos | | |
| n. | trabajamos | | |
| o. | bebimos | | |

**Change the present progressive forms to the corresponding preterit forms.**

4.8
a. estoy durmiendo _____
b. está jugando _____
c. estamos bañándonos _____
d. están leyendo _____
e. estás bebiendo _____
f. nos estamos cayendo _____
g. estoy brincando _____
h. están saliendo _____
i. está hablando _____
j. estás viendo _____

**Fill in the blanks with the correct imperfect form of the given infinitive.**

4.9
a. Consuelo _____ por la panadería los lunes. (pasar)
b. Alonso y su familia _____ en una casa pequeña cuando Alonso era joven. (vivir)
c. Jorge y yo _____ dos pares de calcetines especiales. (necesitar)
d. Elena _____ al autobús a las nueve todos los días. (subir)
e. Tu hermana menor siempre _____ un caballo para su cumpleaños. (querer)
f. El Sr. Muñóz _____ una taza de café todos los días. (pedir)
g. _____ muchas nubes (clouds) en el cielo. (hay)
h. En su juventud, Beto _____ para el equipo de atletismo. (correr)
i. ¿Quiénes _____ eso cuando sonó el teléfono? (decir)
j. Papá _____ las llaves cuando entramos. (buscar)

**There are only three irregular verbs in the imperfect tense. Label each chart with the appropriate infinitive and its meaning in English. Then fill in each chart with the imperfect tense forms of that infinitive.**

4.10   a. _____   b. _____

| yo | | nosotros nosotras | |
|---|---|---|---|
| tú | | vosotros vosotras | **erais** |
| él ella Ud. | | ellos ellas Uds. | |

| yo | | nosotros nosotras | |
|---|---|---|---|
| tú | | vosotros vosotras | **ibais** |
| él ella Ud. | | ellos ellas Uds. | |

c. _____

| yo | nosotros / nosotras |
| tú | vosotros / vosotras **veíais** |
| él / ella / Ud. | ellos / ellas / Uds. |

 **Change these present tense forms to the corresponding imperfect tense forms.**

4.11  a. muestro _____

b. pongo _____

c. vuelven _____

d. trabajamos _____

e. bajas _____

f. nos vestimos _____

g. duermen _____

h. empiezas _____

i. prefiere _____

j. sé _____

k. tenemos _____

l. da _____

m. puedo _____

n. concluyen _____

o. lees _____

**Use your knowledge of Spanish verb tenses and vocabulary to translate the following phrases. Be careful to choose the correct verb form and tense.**

4.12  a. she went _____

b. you (informal) are waiting _____

c. all of you live _____

d. I was going _____

e. we wanted _____

f. we refused _____

g. you (formal) drive _____
h. he is reading _____
i. they cut _____
j. you and I brought _____
k. we are _____
l. I wasn't able (couldn't) _____
m. she has _____
n. all of you are sleeping _____
o. you (formal) need _____

▶ Elisa tells Jesús what she did yesterday. Jesús responds each time by saying he just did the same activity also. Identify from what infinitive Elisa's verb forms came. Use that infinitive and the phrase *acabar* + *de* + infinitive to form Jesús's response.

4.13
a. Elisa: Ayer me encontré con MariCarmen.
   Jesús: _____

b. Elisa: Ayer fui al cine por autobús.
   Jesús: _____

c. Elisa: Ayer escribí una tarea muy larga.
   Jesús: _____

d. Elisa: Ayer jugué al tenis.
   Jesús: _____

e. Elisa: Ayer pinté un retrato bastante bueno.
   Jesús: _____

▶ Mamá has just returned from a weekend away from her family. She wants to know what went on in her absence. Everyone talks about what he or she just did. Answer her questions using *acabar* + *de* + infinitive.

4.14
a. ¿Quién comió el queso? (Papá)
   _____

b. ¿Quién se levantó tarde? (los hermanos)
   _____

c. ¿Quién hizo la tarea? (Joselito)
   _____

d. ¿Quién me dio esas flores? (nosotros)
   _____

e. ¿Quién preparó la cena? (Chela y Jorge)
   _____

A very tired–looking group of young people are leaving the university library. Explain why each is so tired by describing for how long he has been involved in certain activities. Use the information given and the phrase *hace* + time expression + *que*.

4.15   a.   Ángel / estudiar los mapas / cuatro horas

_____

b.   Yo / buscar una revista específica / sesenta minutos

_____

c.   el estudiante alto / trabajar en la computadora / cinco horas

_____

d.   Uds. / copiar algunos artículos / veinte minutos

_____

e.   Chamo y yo / repasar los apuntes / tres horas

_____

The following phrases express the time duration of certain activities. Rewrite these ideas using the phrase *hace* + time expression + *que*.

4.16   a.   escuchas la música / treinta minutos

_____

b.   visitamos el museo / dos horas

_____

c.   viajo al centro en tren / una hora

_____

d.   Uds. se maquillan / quince minutos

_____

e.   Guillermo charla con su novia / cuarenta minutos

_____

Using the vocabulary words from Unit Two as a guide, translate the following sentences into Spanish.

4.17   a.   Elena mows the lawn.

_____

b.   Gabrielle visits her grandmother.

_____

c.   Susana is making the bed in the hotel room.

_____

d.   Carlos fixes the vacuum cleaner.

_____

e. The young man is listening to music.
_____

f. The little boy is washing the dishes.
_____

g. Maria Teresa and her friends are riding on horseback.
_____

h. We go to the movie theater.
_____

i. Beto's team is playing soccer.
_____

j. Pedro Benítez sweeps the sidewalk outside his store.
_____

k. Pablo paints the woman's portrait.
_____

l. Mama cares for her baby.
_____

m. Esperanza draws a picture with her crayons.
_____

n. Juan cooks the meat.
_____

o. The brothers clean their bedroom.
_____

**Fill in each blank with a vocabulary term or phrase that best completes each sentence. (You may have to conjugate the infinitives.)**

4.18
a. Cuando hace buen tiempo, nosotros _____ en el bosque.

b. Yo tengo el trabajo de _____ los platos después del almuerzo.

c. El perro está muy sucio. Ud. tiene que _____ .

d. El artista pinta _____ de las personas.

e. Necesito _____ porque mi automóvil no funciona.

f. No me gusta nadar en la piscina pública. Prefiero _____ .

g. No hago ejercicio. Prefiero jugar _____ .

h. Tenemos hambre. _____ unas hamburguesas muy deliciosas.

i. Papá _____ a su bebé por la mañana.

j. Mi familia no tiene muchas _____ , sólamente un perro.

✔ Adult check _____
                            Initial                     Date

# VOCABULARY LIST

**NOUNS** [CD–B, Track 29]

|  |  |
|---|---|
| la alfombra | the rug |
| la almohada | the pillow |
| el armario | the closet |
| la aspiradora | the vacuum cleaner |
| el aula | the classroom |
| la bandera | the flag |
| la bañera | the bathtub |
| el baño | the bathroom |
| la báscula | the bathroom scales |
| el bolígrafo | the pen |
| el borrador | the (board) eraser |
| la cama | the bed |
| el cartel | the poster |
| la chimenea | the fireplace |
| la cinta adhesiva | the tape |
| la clase | the class |
| la cocina | the kitchen |
| el comedor | the dining room |
| la cómoda | the dresser, chest of drawers |
| el cortacésped | the lawn mower |
| la cortina | the curtain |
| el crayón | the crayon |
| la cuchara | the spoon |
| el cuchillo | the knife |
| el dormitorio | the bedroom |
| la ducha | the shower |
| la engrapadora | the stapler |
| el escritorio | the (teacher's) desk |
| el espejo | the mirror |
| la esponja | the sponge |
| el estante | the shelf, case, stand |
| el estéreo | the stereo |
| la estufa | the stove |
| la flor | the flower |
| el fregadero | the (kitchen) sink |
| el gabinete | the cabinet |
| el garaje | the garage |
| la goma | the (pencil) eraser |
| la herramienta | the tool |
| el hogar | the home, hearth, fireplace |
| el horno | the oven |
| el horno de microondas | the microwave oven |
| el inodoro | the toilet |
| el jabón | the soap |
| el jardín | the garden |
| la lámpara | the lamp |
| el lápiz | the pencil |
| el lavabo | the (bathroom) sink |
| el lavaplatos | the dishwasher |
| el libro | the book |
| la llave | the key |
| la manguera | the hose |
| el mantel | the tablecloth |
| el mapa | the map |
| la mesa | the table |
| la mesa de noche | the nightstand |
| la mochila | the backpack |
| los muebles | the furniture |
| la olla | the (large) pot |
| la papelera | the wastebasket |
| la piscina | the (swimming) pool |
| la pizarra | the chalkboard |
| la planta | the plant |
| los platos | the dishes |
| el pupitre | the (student's) desk |
| el refrigerador | the refrigerator |
| el retrato | the portrait |
| el ropero | the closet |
| el sacapuntas | the pencil sharpener |
| la sala | the living room |
| la sartén | the frying pan |
| la silla | the chair |
| el sillón | the armchair, easy chair |
| el sofá | the couch, sofa |
| el suelo | the floor |
| la taza | the (coffee) cup |

| | | | |
|---|---|---|---|
| el teléfono | the telephone | el tostador | the toaster |
| la televisión | the television | el vaso | the (drinking) glass |
| el televisor | the TV set | la vela | the candle |
| el tenedor | the fork | la ventana | the window |
| la tiza | the chalk | la videograbadora | the VCR |
| la toalla | the towel | | |

## VERBS [CD–B, Track 30]

| | | | |
|---|---|---|---|
| andar | to walk, go | marcar | to mark |
| caer | to fall | orar | to pray |
| caerse | to fall down | pagar | to pay |
| caminar | to walk | poder (o-ue) | to be able, can |
| comenzar (e-ie) | to begin | poner | to put, place, set (table) |
| conducir | to drive | querer (e-ie) | to want, love |
| conocer | to know (a person) | saber | to know (facts) |
| creer | to think, believe | sacar | to take (out) |
| dar | to give | secarse | to dry off |
| decir | to say, tell | ser | to be |
| empezar (e-ie) | to begin | sonar (o-ue) | to ring |
| estar | to be | tener | to have |
| hacer | to do, make | traer | to bring |
| huir | to flee | tragar | to swallow |
| ir | to go | venir | to come |
| jugar (u-ue) | to play (sports, games) | ver | to see |
| leer | to read | | |
| manejar | to drive | | |

## PREPOSITIONS AND CONJUNCTIONS [CD–B, Track 31]

| | | | |
|---|---|---|---|
| a causa de | because of | entre | between, among |
| a la derecha de | to the right of | frente a | opposite of, facing |
| a la izquierda de | to the left of | junto a | next to, adjacent to |
| adentro de | inside of | para | for, to, in order to |
| al fondo de | at the back of | pero | but |
| al lado de | beside, next to | por | for, to, by, along, through, via, by way of, because of, in place of |
| contra | against | | |
| debajo de | under | | |
| detrás de | behind | porque | because |
| encima de | on top of | sino/sino que | but, rather, instead |
| enfrente de | opposite of, facing | | |

Before taking the LIFEPAC Test, you may want to do one or more of these self checks.

1. _____ Read the objectives. Check to see if you can do them.

2. _____ Restudy the material related to any objectives that you cannot do.

3. _____ Use the SQ3R study procedure to review the material.

4. _____ Review activities, Self Tests, and LIFEPAC vocabulary words.

5. _____ Restudy areas of weakness indicated by the last Self Test.